BOILEAU

VISAGES ANCIENS, VISAGES NOUVEAUX

1665-1970

BERNARD BEUGNOT
ET ROGER ZUBER

BOILEAU

VISAGES ANCIENS,
VISAGES NOUVEAUX

1665-1970

1973
LES PRESSES DE L'UNIVERSITÉ DE MONTRÉAL
C. P. 6128, MONTRÉAL 101, CANADA

Couverture : *Photo Bibliothèque nationale, Paris*

320179

ISBN 0 8405 0216 8

DÉPÔT LÉGAL, 1er TRIMESTRE 1973
BIBLIOTHÈQUE NATIONALE DU QUÉBEC

Avant-propos

Dans les pages que voici le lecteur ne doit s'attendre à trouver ni une recherche de détail ni une prise de position originale sur ce que serait en 1972 la « vérité » de Boileau. Ce livre a été conçu à la fois comme un panorama (ses huit premiers chapitres) et comme un guide (chapitre IX, textes d'illustration et bibliographie). En puisant dans les sommes érudites qui avaient déjà été suscitées par divers aspects de la fortune littéraire de Boileau, et en nous fondant sur une documentation qui nous était propre, nous nous sommes proposé de retracer l'histoire d'une réputation, de faire comprendre quelle tradition avait pesé et pesait encore sur les « lectures » de Boileau, d'aider enfin, par une anthologie et par des références, ceux qui le désireraient à pousser plus loin cette étude. Nous n'avons pas pensé d'abord aux spécialistes du dix-septième siècle, ni aux biographes ou bibliographes de Boileau. Il s'agissait d'atteindre de préférence ce public cultivé que sollicitent actuellement les travaux consacrés au mythe de tel ou tel écrivain, ou le spectacle, si révélateur, des soubresauts de la critique.

Tous ceux que passionne ce genre d'étude ne nous blâmeront peut-être pas d'avoir choisi un plan qui ne soit pas lié à la seule succession des siècles et des jugements. C'est un parti rarement adopté pour les ouvrages similaires au nôtre, mais ce parti nous a paru favoriser notre dessein d'amener le lecteur *d'aujourd'hui* à réfléchir au passé. Depuis quatre ou cinq ans, plusieurs collections sont nées qui se donnent pour objet cette « survie » des écrivains. Ce *Boileau*, écrit en 1971, devait entrer dans l'une d'entre elles qui subit aujourd'hui une éclipse que l'on souhaiterait passagère. À la veille du tricentenaire de *l'Art poétique*, il ne nous a pas paru heureux de laisser dans l'ombre cet essai de synthèse, et nous remercions les Presses de l'Université de Montréal d'avoir partagé notre manière de voir.

B. B. et R. Z.

Nous avons déterminé en commun l'orientation de l'ouvrage, le choix des textes d'illustration et le contenu de la bibliographie. B. Beugnot a rédigé les chapitres premier, II et IX, et R. Zuber, alors professeur à l'Université McGill, les chapitres III à VIII. R. Zuber a reçu, à cet effet, une aide de l'Université McGill et du Conseil des arts du Canada. Nous adressons à ces institutions, ainsi qu'à MM. Jules Brody, Jean Mesnard et Simon Jeune, nos vifs remerciements pour leur appui.

I
Boileau en son temps
SATIRIQUE
OU POÈTE

Les innombrables textes du dix-septième siècle, témoignages et jugements, pamphlets et épigrammes, où Boileau apparaît allusivement ou en pleine lumière, attendent encore d'être réunis en un corpus semblable à ceux dont bénéficient les études sur Racine, Molière ou Corneille. Ils constitueraient, à n'en pas douter, un volume plus considérable que l'œuvre même de Boileau : l'inventaire bibliographique d'Émile Magne — *les Luttes de Boileau* — n'est, malgré sa richesse et les inédits qu'il produit, qu'un préalable à la constitution de cet instrument indispensable pour toute connaissance de la fortune littéraire de Boileau en son temps. Le foisonnement des textes, né des polémiques multiples et virulentes, atteste la présence de Boileau et la vitalité de ses écrits. Il écarte aussi toute vaine quête d'un « vrai » Boileau, comme il impose une attention accueillante aux visages divers qui lui ont été prêtés, au risque de l'incohérence : amitiés et inimitiés, cabales et jalousies, vanités d'auteurs blessés font les opinions plus sou-

La mention « texte », suivie d'un chiffre romain, renvoie à l'anthologie (p. 113-153).

vent que la raison critique. Autour de Boileau, la sérénité n'est pas de mise : ne la demandons pas aux Cotin et aux Pradon qui prennent place dans les « niches » des satires ; ne l'attendons pas même d'un Bussy-Rabutin qui passe aisément de l'estime au mépris dès qu'il soupçonne ce bourgeois d'aiguiser contre lui une épigramme vengeresse, étonné qu'un homme comme Boileau soit « assez fou pour perdre le respect qu'il lui doit », ou lorsqu'un peu plus tard il le jalouse à propos d'un poste d'historiographe auquel il prétendait.

Même si les textes qui s'échelonnent de 1666 à 1711 tendent à se regrouper autour des grands moments de la carrière de Boileau que sont les *Satires,* les *Œuvres diverses* de 1674 (*l'Art poétique, le Lutrin, Traité du sublime*), puis les écrits de la vieillesse, *Satires, Épîtres* et *Réflexions,* suivre ces étapes eût été refaire une histoire maintes fois écrite depuis l'abbé Irailh jusqu'à C. Revillout ou P. Clarac, et il s'en faut de beaucoup que le surgissement d'une polémique nouvelle s'accompagne toujours du rajeunissement des arguments, des images ou des attitudes. C'est pourquoi nous avons rassemblé autour des problèmes de la satire, du talent poétique et de l'autorité critique les textes où se réfléchit l'image de Boileau au dix-septième siècle, héritage appelé à orienter, jusqu'à une date parfois toute récente, l'histoire de sa fortune littéraire.

* * *

Dans le cercle étroit de la cour et de la ville, la tentation est fréquente de remonter de l'œuvre à l'homme : les décriés de la satire, fidèles en cela à une longue tradition de la polémique littéraire, ne manquent pas de s'engager dans cette voie et de présenter la satire comme l'expression d'une âme libertine, chagrine ou jalouse. Aux amis mondains, à ceux de l'Académie et de la maison d'Auteuil, il faudra demander des témoignages moins suspects. Ce portrait de l'homme intéresserait peu la fortune littéraire s'il ne servait souvent de toile de fond aux opinions critiques.

À peine les *Satires* sorties des presses de Barbin, l'abbé Cotin donne le ton dans ce que Goujet appellera « un libelle en prose », la *Critique désintéressée sur les satires du temps* : Boileau est « un censeur triste et sévère » qui s'en prend d'abord aux gratifiés. D'une prose que l'agressivité rend oratoire, le *Discours satirique au cynique Despréaux,* dû peut-être à la plume du même Cotin [1], orchestre ces deux thèmes autour d'une mise en question de l'entreprise satirique, fruit dangereux de la « malignité » et de la « rage », du « fiel » et de la « furie », de l'ambition et de la jalousie — « Vous vous ruez directement sur les gratifiés » (texte II). Voilà l'arsenal où la polémique va désormais puiser ses armes ; dans la classification traditionnelle des humeurs, voilà Boileau rangé parmi les mélancoliques : Perrin, vers 1666, dédie à Montausier un virelai alerte qui stigmatise « cet insolent de Boileau » et ce « frénétique », la frénésie étant alors une forme pathologique de la mélancolie ; plus tard, lors de la querelle de la *satire X,* Pradon (« Toujours mélancolique ou toujours furieux », *Réponse à la satire X*), l'auteur anonyme d'une *Épître à M. D...* (« Misanthrope à l'excès en ton humeur sauvage ») et Pierre Henry (« Misanthrope altier », *Critique du sieur Boileau*) entonnent le même couplet. Image caricaturale sans doute, mais qui exploite avec opportunisme, sinon toujours avec habileté, ce don de réaction et de vivacité qui caractérise le tempérament de Boileau et que Vuillart même, l'admirateur et l'ami des dernières années, reconnaîtra à son corps défendant au moment où Boileau forgeait contre ses adversaires de nouvelles épigrammes :

« La nécessité de pardonner une injure où est un Chrétien qui veut être digne de son nom, ne semble pas avoir encore fait assez d'impression sur son esprit, ni sur son cœur... Il a de la candeur, et il viendra un bon moment où il s'en humiliera devant Dieu, et récupérera la mauvaise édification que son impatience peut donner » (Lettres du 9 et du 23 juillet 1699).

Les premières fréquentations du jeune Boileau, dans l'entourage de son frère Gilles et de Furetière,

---

1. Émile Magne, premier éditeur du texte, l'attribuait à Chapelain ; A. Adam propose Cotin. La *Satire des satires,* citée plus loin, fait aussi problème : il est difficile, malgré la tradition, de l'attribuer au même auteur que la *Critique désintéressée.*

la conclusion de la *satire IV*, « La folie universelle », — « Souvent de nos maux la raison est le pire » — éveillent une autre image, celle du dépravé, procédé usuel qui consiste à discréditer l'œuvre par l'homme et à retourner d'avance contre Boileau la formule prochaine de *l'Art poétique* : « Le vers se sent toujours des bassesses du cœur ». Le *Discours satirique* apostrophe vigoureusement ce disciple de « Priape et de Bacchus » (*Satire des satires*) :

« Vous faites ouverte profession de parasite, de farceur, d'impie, de blasphémateur, dans les lieux où l'on s'enivre et dans les maisons de débauche ! Je ne dis rien en ceci que votre genre de vie ne confirme et que vos écrits ne fassent aisément juger. »

Ces accusations sont sans avenir, même si Pinchesne les reprend dans son *Avis salutaire au satirique* et si J. Carel de Sainte-Garde (*Défense des beaux esprits de ce temps,* 1675) prétend voir dans le burlesque du *Lutrin* une forme de l'irrévérence qui inspire aux âmes religieuses « une secrète horreur » pour son auteur. Mais elles fondent le débat qui va s'instaurer autour de la nature et de la fonction de la satire, où la perspective morale vient contaminer sans cesse le point de vue littéraire.

D'autres voix s'élèvent pour dessiner un Boileau tout différent, « cruel en vers et tendre en prose » (Mme de Sévigné, 15 décembre 1673) : rétif aux louanges selon l'abbé de La Chambre qui, accueillant Boileau à l'Académie en 1684, répond ainsi aux griefs de vanité et d'amour-propre des détracteurs passés et futurs, « l'homme le plus honnête et le plus obligeant du monde » selon J. Tollius qui est venu en 1694 à Paris pour lui soumettre son projet d'édition du *Traité du sublime*. Vuillart, dans les lettres citées, parlera de « sa droiture d'esprit et de cœur », de sa candeur, souvenir possible de *l'épître X* qui, à cette date, est déjà venue peindre pour la postérité le satirique sous les traits de la simplicité et de la transparence, vantera aussi cette générosité dont Boursault lui-même, pourtant peu épargné, s'émeut en évoquant les gestes de Boileau vis-à-vis du vieux Corneille ou de Patru. Lorsque Valincour reçoit l'abbé d'Estrées au fauteuil de Boileau en 1711, l'image s'est fixée d'un Boileau « incapable de déguisement » (texte VI), chez qui l'amour du vrai et celui de la vertu se fondent en un « amour sincère de la religion », écho cette fois de la *satire XII* sur l'équivoque. De ces deux visages contraires vont découler, et bien au-delà de la vie de Boileau et du seul dix-septième siècle, deux modes de lecture de la satire, poésie de la médisance ou poésie de la vérité.

* * *

Entré subrepticement, grâce à la circulation de ses premières pièces manuscrites et à l'édition « monstrueuse » de Rouen, dans le monde des lettres, Boileau devient, à partir de 1666, un auteur à la mode que s'arrachent libraires français et étrangers : le recueil de ses satires connaît sept éditions en deux ans et plus d'une vingtaine jusqu'en 1672. « Succès de scandale », a-t-on dit (M.P. Haley), mais qui éclaire la vive réaction de ceux que visent ses traits. Parmi eux, seul ou à peu près, René Le Pays adopte pour défendre les petits poètes de province le mode ironique :

« Il est bon qu'il y ait de méchants auteurs pour donner de l'éclat aux illustres... Il doit apparemment tout le brillant de ses satires à l'obscurité de nos ouvrages. » (*Lettre sur les Satires de Boileau.*)

La plupart affectent de ne voir dans les *Satires* que la rhapsodie d'un plagiaire ou le fruit d'une humeur maligne ; rarement ils reconnaissent l'expression d'un authentique talent poétique.

Dans le *Discours satirique* (texte II) comme dans la *Satire des satires* (texte I), Cotin allègue tour à tour Horace et Martial, Juvénal et Régnier pour rabaisser le copiste devant ses modèles anciens ou ses prédécesseurs modernes et dénoncer cette forme de maraudage littéraire. Même si Jacques de Coras trouve que c'est encore lui faire trop d'honneur — « Les dépouilles d'Horace sont trop riches pour en revêtir un gueux comme Lubin » (*Réponse de l'auteur du Jonas et du David*) —, les mêmes noms vont revenir inlassablement jusqu'au déclin du siècle : en 1672, dans une critique demeurée longtemps manuscrite de l'*épître IV* sur le passage du Rhin, le chevalier de Lignières ajoute à ces sources Ovide et Claudian, Madelenet, Brébeuf, Corneille et jusqu'à *la Pucelle*

de Chapelain ! Le comte de Brienne prend occasion des deux
pastiches de Balzac et de Voiture que Boileau adresse au
maréchal de Vivonne pour l'inviter à sortir de son « génie de
singe et d'imitateur » ; Regnard, avant de se réconcilier avec
lui autour de 1698 et de faire acte d'allégeance au poète, imagine dans un *Tombeau de Despréaux* ce plaisant testament :

Je déclare au public que je veux que l'on rende
Ce qu'à bon droit sur moi Juvénal redemande.
Quand mon livre en serait réduit à dix feuillets,
Je veux restituer les larcins que j'ai faits.

Et, en 1703, les *Mémoires de Trévoux* rendent ainsi compte
de l'édition hollandaise des *Œuvres* parue deux ans plus tôt :
« On voit en bas des pages les vers des poètes latins qu'il a
fait passer dans ses ouvrages. On peut apprendre, par ce moyen,
à l'exemple de ce grand poète, le premier satirique de notre
temps, à imiter les plus beaux endroits des anciens et à en
profiter pour se faire à soi-même du mérite et de la réputation. »

Il serait vain de demander originalité ou
profondeur à ces jugements hâtifs qui exploitent sans vergogne
les habitudes les plus faciles de la polémique contemporaine,
et méconnaissent volontairement la théorie de l'imitation créatrice propre à leur temps pour discréditer Boileau par le reproche d'impuissance et de stérilité poétiques.

Les mêmes intentions guident ceux qui
s'en prennent à son humeur médisante : moins peut-être le
duc de Montausier ou le journaliste Robinet qui déplorent
d'un point de vue surtout moral cette façon d'acquérir réputation grâce à la malignité naturelle des hommes, que Cotin
qui raille ses « pasquinades » et Coras qui l'assimile à un
bouffon et à un comédien, l'Angeli et Trivelin, pour qui la
« fougue » et la « furie » tiennent lieu de méthode critique
(*le Satirique berné en prose et en vers,* 1668). Un « médisant
qui offense tout le monde », un poète « qui vécut de médire »,
ces formules de Saint-Pavin et de Regnard sont orchestrées à
l'envi par d'Assoucy, Boursault, Pinchesne et, plus tard,
Pradon et les frères Perrault. Dans ce concert de voix fugitives
et bien souvent monotones, trois textes méritent une plus
particulière attention par leur ampleur ou quelquefois par la

pertinence et la lucidité de leurs points de vue, même s'il ne faut point leur demander d'être toujours cohérents : la *Satire des satires* de Boursault en 1669, la *Défense du poème héroïque* de Desmarets de Saint-Sorlin en 1674 et la *Défense des beaux esprits de ce temps* de Jacques Carel de Sainte-Garde en 1675. Dans le cadre d'une discussion de salon, qui s'inspire de la *Critique de l'École des femmes,* Boursault confie la défense de Boileau à un marquis ridicule et à une jeune précieuse : à leur admiration un peu béate — « c'est un prodige » — et à ce qu'ils appellent franchise, Boursault et ses amis opposent les injures, les insultes et les excès d'une plume toujours en chasse de bons mots :

C'est un jeune emporté, qui dans ce qu'il écrit,
Prise le jugement moins que le bel esprit.

(Scène VI)

Boursault s'efforce ainsi de mobiliser contre Boileau, mais celui-ci fera interdire la représentation, le bon sens et le bon goût des honnêtes gens ; c'est chercher à le battre sur son propre terrain. Voisins de forme, les dialogues de Desmarets, écrits après la publication des *Œuvres diverses* de 1674, élargissent et modifient la perspective : à l'homme du monde qu'est Philène, le judicieux et savant Dorante apporte son appui contre les défaillances du goût de Damon ; poètes et critiques sont ainsi invités à rejoindre les gens d'esprit pour condamner Boileau. « Plus enclin à blâmer que savant à bien faire », ce vers de *l'Art poétique* fournit à Desmarets, hors des fautes particulières qu'il relève, le principe de l'œuvre : au satirique comme au doctrinaire, au poète burlesque comme au traducteur, il refuse le talent, l'originalité et le goût. De son côté, Carel de Sainte-Garde se présente comme le défenseur des gloires poétiques de la France : l'adresse « À Messieurs de l'Académie française » pourrait bien montrer qu'à cette date la fortune de Boileau rencontre encore des résistances, celles précisément que Sainte-Garde tente de canaliser contre lui. La défense de Saint-Amant et de Brébeuf, de Scudéry et de Ronsard oppose deux types de poésie, la « noble » et la « brillante » qui convient aux grands genres et aux grands poètes ; la « petite », « de vil tempérament » qu'a choisie le Boileau

des *Satires* et de *l'Art poétique* qu'il juge, à l'instar de Desmarets (texte IV), comme une nouvelle satire. C'est dénoncer
dans toute l'œuvre une entreprise négative qui vise à saper
des gloires établies — « Jaloux des plus fameux poètes »,
comme écrit Saint-Pavin [2] — et suggérer une inaptitude naturelle à la création que Pradon formulera encore plus explicitement en 1695 dans la préface de son *Apologie des femmes* :
« Que ne compose-t-il un ouvrage purement de lui, où il n'y
ait point de médisance, et qui puisse plaire par la seule beauté
de son génie ? »

    C'est aussi se faire l'avocat de tout ce que
Boileau englobe sous le terme d' « enflure » : le conflit de
deux formes du goût est ici éclatant. Revillout et Lanson,
Boudhors et Adam à leur suite, s'inspireront de ces vues pour
rajeunir la lecture de *l'Art poétique* et, vicissitude surprenante
des idées critiques, les réflexions sur l'inspiration satirique, la
fougue et l'humeur de Boileau, qui ont servi au dix-septième
siècle des entreprises de dénigrement, contribueront au contraire à l'époque moderne à revaloriser son œuvre, en animant
le visage compassé du législateur et en suscitant l'image du
poète de verve.

    Derrière ces répliques où la malveillance
et le dépit ont souvent leur part et qui apparaissent aussi comme
des façons plus ou moins avouées de s'en prendre à l'homme,
un débat plus littéraire s'instaure pourtant autour de la nature
et de la portée de la satire. Simplement « indiscrète », c'est-à-
dire irréfléchie et sans retenue aux yeux de Saint-Pavin, stérile
et inutile pour Donneau de Visé qui, d'après une clé manuscrite, mettrait Boileau en scène dans la dixième de ses *Nouvelles galantes* (1669), elle usurpe injustement pour Cotin
(texte II) et Boursault (texte III) le droit de nommer les personnes ; au nom de la généralité qui est de règle et sous prétexte que la satire n'a pas juridiction sur les vices de l'esprit,
ils lui contestent le droit de se faire littéraire. N'avons-nous
pas là tous les signes d'un malaise éveillé par la transformation

---

2. Ce sonnet, d'abord attribué à Chapelain par Collas, l'a été ensuite à
    Lignières par Magne, qui suivait Irailh. Dans sa *Bibliographie*, il re-
    vient sur cette attribution au profit de Saint-Pavin.

que Boileau fait subir à la satire traditionnelle, en l'actualisant et en la mettant au service de sa vocation et de son goût ? Mieux peut-être que des jugements plus positifs, la vivacité des réactions, la forme aussi qu'elles ont prise plaident pour l'originalité de Boileau. Ces voix diverses, la *satire IX* les fait entendre dès 1667 dans le dialogue du poète et de son esprit ; reflet fidèle des visages que l'on a prêtés à Boileau, la première partie de la satire devait être, pour les contemporains qui suivaient l'actualité, le plus savoureux des centons. Le dernier mot n'est pourtant pas encore dit ; la satire pour Desmarets échappe tout simplement au domaine poétique :

« On commence la satire, on la poursuit et on la finit comme on veut. Il n'y a ni règle, ni invention, ni ordre, ni élévation d'esprit, ni ce que l'on appelle transport poétique » (*Défense du poème héroïque*, préface).

Seul pourrait s'y adonner un poète confirmé qui se serait acquis par des ouvrages plus considérables le droit au jugement. De l'expression ardente d'un goût au dogmatisme et du dogmatisme à l'impérialisme critique, on voit qu'il n'y a qu'un pas que la polémique fait aisément franchir ; derrière le visage du satirique se dessine celui du régent qui fera l'objet du prochain chapitre.

      Après le retour de Boileau à la satire en 1694, il n'en va plus de même. Sa réputation est désormais établie, grâce peut-être à ses appuis mondains et politiques, grâce surtout à un talent qui s'est imposé par lui-même plutôt que par l'aide de voix secourables : en faveur de la satire, le P. Rapin avance avec timidité que la nécessité de plaire et de frapper les esprits justifie le grossissement qui la pousse hors du naturel (lettre à Bussy du 13 août 1672) ; seul Saint-Évremond en fait un éloge marqué (texte V). Avec le temps et le succès seulement, les voix des moralistes comme l'abbé Goussault (*Réflexions sur les défauts naturels des hommes*, 1692), P.-J. Brillon (*le Théophraste moderne*, 1699) ou E. Lenoble (*Promenades*, 1705) viennent légitimer la violence de la satire par l'exigence de vérité. Ce n'est pas que les chemins anciens ne soient de nouveau empruntés, comme en témoigne la permanence des images : au « dogue avide de mordre » de Cotin, au « maudit frelon des républiques » de Robinet, aux apostrophes de Coras (« Vous faites profession publique de japper et de mordre », « Vous vous piquez de chanter comme un cygne, et cependant vous croassez à faire peur comme un corbeau ») font écho la fable parodique de Pierre Perrault (*le Corbeau guéri par la cigogne*), le « corbeau qui va de charogne en charogne » de son frère Charles et le « farouche hibou », le « corbeau déniché des Montfaucon du Pinde » de Pradon. Mais ces violences verbales comme les reproches de vieillissement que forgent Saint-Gilles et Chaulieu, Regnard et Segrais (« Les dernières poésies de Boileau sentent l'esprit épuisé », *Segraisiana*) n'empêchent pas que désormais autour des *satires X* (« Les femmes ») et *XII* (« L'équivoque ») et de l'*épître XII* (« L'amour de Dieu ») les débats dépassent largement la personne de Boileau et la question de son talent : en se portant fougueusement à la défense des femmes, P. Henry et Gacon, Regnard et P. de Bellocq, les écrits anonymes plus tardifs comme *le Sexe vengé par le sexe* (1701) ou *la Perfection des femmes* (1711) font d'un exercice littéraire, destiné à rivaliser avec des modèles antiques et à témoigner de la vigueur continue d'une inspiration, un pamphlet antimoderniste ; seul l'austère Bossuet joint sa voix à celle des ruelles d'un point de vue strictement moral (*Traité de la concupiscence*). De même, *épître XII* et *satire XII* sont des épisodes de la longue lutte des jésuites et des jansénistes.

Ainsi la fortune littéraire de la satire au dix-septième siècle — et entendons par là tout ce qu'il y a d'inspiration satirique dans l'œuvre de Boileau — est étrange : violemment contestée jusqu'aux dernières années, elle a en même temps, comme en témoignent et la carrière de Boileau et les nombreuses éditions, très vite cause gagnée, mais au prix d'une mutilation et d'un affadissement. Au contraire, la critique au jour le jour de Cotin, Coras ou Pradon qui jugent Boileau par rapport à un tempérament et à des partis, à des modèles et à un genre, manque sans doute de hauteur de vue, non point de clairvoyance. Elle respecte au moins la marque d'une nature forte, tandis que La Bruyère en parlant de « critique judicieuse et innocente » émousse déjà le mordant

des satires et ouvre la voie à Valincour qui, à la réception de
l'abbé d'Estrées à l'Académie, peu de mois après la mort de
Boileau, place la hardiesse de Boileau dans la réserve : « Il
osa le premier faire voir aux hommes une satire sage et modeste » (texte VI). Le satirique est entré au musée de cire.
Façon peut-être, pour une société, de récupérer à son profit
une œuvre en l'édulcorant ; ou plus simplement, effet du temps
qui éloigne les satires de l'actualité qui les a souvent suscitées : P. Bayle n'avait-il pas déjà pris conscience de ce
vieillissement, qui estimait dans son *Dictionnaire* que, dépour-
vues de commentaires, elles seraient illisibles au lecteur du
dix-neuvième siècle ? Lefebvre de Saint-Marc, Berriat Saint-
Prix, entendront la leçon, plus encore Boudhors qui retrouvera
la « fraîcheur » de l'œuvre en la replongeant dans son temps.

* * *

La toile de fond tendue, la question des
mérites poétiques de Boileau — esprit, style et versification —
pourra nous retenir moins longtemps ; pour ceux en effet qui
ont fait passer au premier plan la discussion de ses jugements
littéraires ou de sa conception de la satire, les faiblesses de la
forme ne sont que des conséquences ou des signes, et d'autre
part une certaine unanimité en faveur de Boileau s'est, sur ce
point, plus tôt constituée ; elle nous permettra de donner cette
fois plus longuement la parole aux admirateurs.

C'est par rapport au modèle horatien,
que son tempérament colérique et impétueux l'aurait poussé
à abandonner pour se rapprocher de Juvénal, que certains
reprochent à Boileau de n'avoir pas attrapé la « fine » (Cotin)
ou l'« ingénieuse raillerie » (Desmarets). Écoutons par exemple
Lombert :

« Trop forcé [...] Il semble qu'il s'est proposé d'imiter Juvénal plutôt qu'Horace. Il s'en faut bien qu'il n'égale Horace
dans ce qu'il a imité » (BN ms. na. fr. 4333 fo 245).

« Au lieu de satiriser comme fait Horace, il déclamait comme
Juvénal » dit en écho une « Instruction à Despréaux » (Arsenal ms. 5418 fo 221). *Le Lutrin* à leurs yeux ne fait qu'accuser les faiblesses des satires : « cet enfant monstrueux d'un

caprice bizarre », dira Pradon en dénonçant la stérilité de l'invention, après Carel de Sainte-Garde pour qui Boileau n'a pas réussi à trouver la voie entre la bouffonnerie et la froideur : « Il n'est pas plus habile dans son *Lutrin,* qu'il veut faire passer pour être de son invention. Il cherche partout le plaisant, et ne le trouve nulle part, ou du moins en si peu d'endroits, qu'on le peut compter pour rien : ce sont des railleries froides et qui sentent les Halles » (*la Défense des beaux esprits,* p. 58).

Pourtant les témoignages seront de plus en plus nombreux de ceux qui reconnaissent à Boileau de l'esprit et, scandale ou non, là est une des raisons du succès de ses œuvres. Non seulement Mme de Sévigné, qui appartient au cercle des admirateurs, ou l'abbé de La Chambre (texte V) lui reconnaissent l'art de railler, mais Bonnecorse qui parodie *le Lutrin* dans son poème du *Lutrigot* (1686), mais Pierre Henry si sévère par ailleurs : « J'admire dans ses écrits un enjouement à dérider le front des plus austères philosophes » (*le Silence du sieur Boileau sur la critique de ses œuvres,* 1700, préface). Coras (*le Satirique berné,* p. 10) et Carel de Sainte-Garde (*Défense...,* article X) avaient fait de Boileau un Momus — le Sarcasme, fils de la Nuit dans la théogonie hésiodique — pour le discréditer ; Bernard de La Monnoie, au terme de la carrière de Boileau, renverse le sens de la comparaison dans une *Apologie de Boileau ou Boileau Momus* et, donnant le ton du siècle, il le qualifie de « railleur gracieux » et de « dieu de la raillerie ».

Poète médiocre et pompeux pour les uns, pour les autres le plus pur poète de son temps, quand il s'agit de style et de versification, le visage de Boileau est de nouveau à double face. Beaucoup sans doute se confinent dans une minutie proche souvent de la myopie pour relever et dénoncer les métaphores insolites, les chevilles et les rimes incongrues, les vers « pompeux » (Boursault), « secs » (Perrault), « forcés, durs et languissants » (*Épître à M. D...,* *Recueil Moetjens,* 1694) : l'auteur du *Satirique français expirant,* Frédéric de Gamaches selon Magne, se vantait même d'avoir relevé plus de six mille fautes. Mais la *Défense des beaux esprits* de Carel de Sainte-Garde, ici encore plus étoffée et ordonnée, examine tour à tour l'expression, l'élocution, la versification et l'imagination pour les qualifier de pauvres ou de sèches (articles XIII à XVII) et nous révèle que le pointillisme des remarques trouve finalement son sens dans un double grief qui situe Boileau hors d'une certaine idée de la poésie en général et de la satire en particulier : l'incapacité à respecter le registre qu'il a choisi et l'impuissance à la haute et véritable inspiration. Il suffit de faire parler quelques textes pour qu'apparaisse la convergence des attitudes :

« Les vers sonnants et magnifiques sont étrangers à la satire [...] ; son style qui passe les bornes de la satire [...]. Il parle par inspiration et par fureur [...]. La satire n'est qu'un discours et un entretien familier, à la mesure près. » (Cotin, *la Critique désintéressée.*)

« Il faut avoir un génie inventif élevé, judicieux et fin, pour faire toutes sortes de poésies, à une seule desquelles ce prétendu maître n'a osé toucher, n'étant pas même capable de faire un sonnet, ni d'arrondir une stance. » (Desmarets de Saint-Sorlin, *Défense du poème héroïque,* préface.)

« Il n'y a point de personne entendue au métier, qui pût souffrir la moindre comparaison entre la petite versification du satirique, et la grande et la divine poésie. » (Carel de Sainte-Garde, *Défense...,* article V.)

« On lui avait remontré charitablement [...] que des vers ampoulés comme les siens étaient étrangers à ce genre d'écrire. » (Arsenal ms. 5418 fo 221.)

Ces écrits aujourd'hui obscurs ne mériteraient pas tant d'attention s'ils ne témoignaient d'une résistance vigoureuse, et qui n'est pas seulement de hargne ou de dépit, aux hardiesses de Boileau, à ces « libres caprices » dont parle la *satire IX,* et s'ils n'administraient la preuve qu'il n'a pas été seulement le porte-parole du conformisme. Retrouver, derrière la gravure passée qui était venue jusqu'à nous, les contrastes et le grain du visage authentique, c'est tout l'effort de la critique du vingtième siècle et plus particulièrement des vingt dernières années (voir chapitres VIII et IX).

Comme souvent, l'admiration est moins prolixe que l'hostilité, mais elle regroupe ici des voix qui sont sur d'autres points divergentes. Pour un Pradon qui ne désarme pas et affirme contre toute évidence en 1684 (*le Triomphe de Pradon,* préface) que, passée la première approbation, le public a enfin ouvert les yeux et pris conscience, une fois reconnue la force de ses vers et de ses expressions, de « la stérilité de son imagination et de la petitesse de son génie », Boursault, Le Pays et Regnard manifestent une sensibilité réelle à « la délicatesse de sa plume » (*Satire des satires*) ou au « charme de son style qui chatouille en piquant, qui nous mord et qui nous fait rire » (*Lettre sur les satires de Boileau*). Le duc de Montausier au dire de Brienne et de Huet, Mme de Sévigné dont on sait les exclamations à la lecture de *l'Art poétique* (15 décembre 1673 ; 15 janvier 1674), Bussy-Rabutin (texte V), le chevalier de Méré devant qui la versification de ce pédant sans agrément trouve quelque grâce, Saint-Évremond beaucoup plus chaleureusement (texte V), Huet enfin, la cour et la ville semblent s'accorder à louer en Boileau le brillant d'un style poétique qui unit « l'élégance, la force et en même temps la naïveté apparente quoique étudiée » (*Menagiana*) à la perfection de la versification. Pour une fois, les éloges académiques de La Bruyère (*Discours de réception,* 1683) ou de La Chambre et les témoignages des amis comme Le Verrier ou Vuillart ne semblent pas suspects de complaisance.

Dans ce consensus, une seule réserve : à l'exception de Racine — « Vos stances m'ont paru très belles [...] à quelque peu de répétitions près » (9 juin 1693) — qui n'en avait reçu, il est vrai, que neuf strophes, pas une voix ne s'élève pour défendre l'*Ode sur la prise de Namur* où l'effort d'inspiration héroïque s'évanouit dans le trait de satire qui la clôt. Épigrammes et pièces fugitives raillent à l'envi « le mauvais composeur d'odes » et ses « emportements bizarres » ; le bénédictin Bernard de Montfaucon y note — est-ce éloge ? est-ce critique ? — la hardiesse des comparaisons, mais pour la juger aussitôt « d'un style un peu gascon et farci d'épithètes excessives ». Bref, « tout Paris pour cette ode a les yeux de Perrault » (BN ms. fr. 5561 f° 183).

Satirique ou poète, la disjonction qui a donné son titre à ce chapitre maintenant s'éclaire. D'une part, les critiques de Boileau ont continûment dénoncé l'impossible union de la satire, dont ils percevaient exactement la mordacité, et de la haute poésie, seule authentique ; d'autre part, les admirateurs de sa poésie n'ont concilié les deux termes qu'en anesthésiant peu à peu la satire, en proclamant son innocence au nom de la vérité et du goût, sensibles à la fois aux options communes qui les rapprochaient de Boileau et au portrait que celui-ci brossait de lui-même dans les *satires VII* et *IX* ou dans l'*épître X*. Pris dans ce débat, le poète descriptif ou familier n'a, hors des accusations banales de plagiat (texte IV), guère retenu l'attention. Plus vigilants parce qu'ils étaient concernés, ceux que l'on appellera bientôt les « victimes » de Boileau et que le dix-huitième siècle, après Carel de Sainte-Garde et avant l'histoire littéraire moderne, s'efforcera de réhabiliter, ont finalement été les plus lucides et pressenti que la nature même de la poésie de Boileau ne pouvait être jugée et appréciée hors du genre qu'il avait choisi. À eux revient aussi le mérite d'avoir découvert dans la satire l'unité d'inspiration de toute l'œuvre, même si le recours aux explications par le tempérament devait les ramener de l'esthétique à la polémique et les éloigner de vues profondes sur la poésie satirique qui reviendront aux poètes anglais du dix-huitième siècle et à Voltaire (voir chapitre v). Mais à qui voudrait étudier la poésie de Boileau, encore trop délaissée, leurs réflexions pourraient fournir bien des points de départ utiles. Si, sans méconnaître toujours le talent de Boileau, ils ont écarté agressivement cette forme originale de la satire littéraire dont ils devinaient l'avènement, c'est en partie parce qu'ils y voyaient la menace d'un impérialisme du goût. En forgeant l'image du régent, ils sont ainsi devenus les premiers responsables d'une légende appelée à une longue survie.

II
Boileau en son temps
GENÈSE
D'UNE LÉGENDE

Ce qu'il est convenu d'appeler depuis Revillout « la légende de Boileau », dont les critiques modernes ont définitivement fait justice (voir chapitres VIII et IX), n'est pas une invention tardive des commentateurs : le dix-huitième et le dix-neuvième siècles n'ont fait qu'accréditer, en l'étoffant et en le systématisant, le rôle de « régent » et de « législateur » que Boileau s'était vu conférer de son vivant même. Dans ce mythe dont les origines feront mieux comprendre la nature, Boileau s'est trouvé investi de deux fonctions qui, pour être conjointes et parfois tendre à se confondre, n'en sont pas moins au départ différentes : d'une part, celle de codificateur du bon goût, qui se rattache de préférence, mais non de façon exclusive, à *l'Art poétique* ; d'autre part, celle de dictateur des lettres qui prétend, par le ton des premières satires ou l'autorité de l'âge, imposer ce code à ses contemporains. Image d'une tyrannie où le législatif et l'exécutif confondent leur pouvoir : « tyran des esprits », s'exclame d'Assoucy à l'adresse de Boileau dans ses *Aventures burlesques*. La genèse de la légende est d'abord l'histoire de la conquête d'une autorité : de l'une à l'autre, le passage se fait dans les années 1674-1675. Le recueil des *Œuvres diverses* en 1674 vient modifier le visage du satirique puisque la juxtaposition des épîtres et du *Lutrin* à la traduction de Longin et à *l'Art poétique* semble joindre l'exemple au précepte. Le jouet symbolique que Mme de Thianges offre au duc du Maine pour les étrennes de 1675, cette « chambre du sublime » où l'on voyait « au dehors des balustres, Despréaux, avec une fourche, empêchant sept ou huit mauvais poètes d'approcher » (lettre adressée à Bussy-Rabutin le 12 janvier 1675), consacre Boileau comme gardien du temple : désormais l'image n'a plus qu'à se durcir, se figer et se diffuser.

* * *

Dans le premier temps, la responsabilité n'est pas du côté des admirateurs, quel que soit le succès réel des satires et des épîtres, plus encore de *l'Art poétique* fort lu dans les salons avant d'affronter l'impression, mais du côté des adversaires et de Boileau lui-même. Sous la plume des détracteurs, ce qui était libre abandon au caprice et au plaisir (« *Enfin c'est mon plaisir, je veux me satisfaire* », satire *VII*, vers 1663) est érigé, à cause de l'agressivité du ton, en intransigeance critique. « Trancher du Phébus, et faire l'Apollon » (Cotin), « trancher du maître » et « peser à son faux poids Malherbe et Théophile » (Coras), ces formules dénoncent une prétention comme le fait sur un autre mode le virelai de Pierre Perrin :

> *Et qui ne tient sa critique*
> *Pour une règle authentique,*
> *Pour loi première et salique,*
> *Pour la sainte pragmatique,*
> *Pour sentence apostolique,*
> *Et pour mot évangélique*
> *Dans l'église catholique*
> *Doit passer pour hérétique.*

Pour Desmarets de Saint-Sorlin, *l'Art poétique* vient afficher une volonté législative d'autant plus déplacée que l'inspiration satirique demeure prédominante : parlant en « maître des poètes », Boileau prend le ton « d'un

régent d'une basse classe parlant à ses écoliers ». Carel de
Sainte-Garde raille en écho « ce savant maître qui dogmatise ».
L'assurance du satirique aurait ainsi préparé la voie au dog-
matisme du doctrinaire.

Sans la complicité, pour ne pas dire la
complaisance, de Boileau lui-même, qui s'en trouvait secrète-
ment flatté, ce rôle ne lui aurait point été si aisément dévolu.
De la préface de 1666 à celle de 1668, l'humilité de règle le
cède à la certitude du talent et à une hauteur méprisante
vis-à-vis de ses critiques, et si l'habile artifice du dialogue avec
son esprit permet au poète de la *satire IX* de répliquer par la
fidélité renouvelée à sa vocation, il prête aussi la voix à la
légende en gestation et consacre d'une formule, au détour d'un
vers vite destiné à quitter son contexte, les griefs d'éphémères
pamphlets :

Décider du mérite et du prix des auteurs...

(v. 9)

Mais lui qui fait ici le régent du Parnasse...

(v. 127)

Ajoutons à cela une réputation croissante que Boursault lui-
même reconnaît dans l'avis au lecteur de la *Satire des satires*
— « Tant de personnes capables de juger des belles choses
leur ont donné leur approbation » — et nous comprendrons
mieux qu'une épître anonyme, adressée à l'avocat général D.
Talon le 11 septembre 1669, parle déjà de « *ces sublimes
talents / Qui rendent Despréaux l'oracle de ce temps* ». D'une
critique écoutée à une inspiration ou à une direction, la marge
est étroite et bientôt franchie dans l'*épître II,* contemporaine
de *l'Art poétique* ; derrière l'apparence d'une lassitude, la
silhouette du législateur s'y dessine :

À quoi bon réveiller mes Muses endormies,
Pour tracer aux auteurs des règles ennemies ?
Penses-tu qu'aucun d'eux veuille subir mes lois,
Ni suivre une raison qui parle par ma voix ?

Qu'il n'ait « ni doctrine, ni expérience » (*Discours satirique*),
qu'il n'ait dit que des « injures » là où l'on attendait des « raisons » (*Instruction à Despréaux,* Arsenal ms. 5418 f⁰ 221) ou
qu'il n'ait « suivi que son caprice » (G. Guéret, *Promenade de*

Saint-Cloud), tous reproches qu'orchestre largement Desmarets
de Saint-Sorlin, peu importe désormais ; en 1674, le libraire
Barbin, dédiant à Boileau son édition des *Nouvelles œuvres
de M. Sarasin,* lui rend ce témoignage : « Votre discernement
est devenu la règle des ouvrages du siècle. » Ainsi Mme de
Thianges ne faisait qu'illustrer ce qui était chez Boileau l'ardente
défense d'un goût, aux yeux de ses adversaires une prérogative
usurpée et pour ses admirateurs déjà une conquête réussie.

* * *

Désormais, jusqu'à sa mort en 1711,
l'autorité de Boileau se confirme et sa magistrature des lettres
appartient au dictionnaire des idées reçues. Méré lui-même,
dans un propos de date incertaine, mais qui pourrait se situer
à la charnière des deux périodes que nous distinguons, s'en
fait l'écho hostile quand il assimile Boileau à Descartes, « ce
maître de roquets ». Sans doute quelques voix continuent de
protester : Boyer, en 1683, dans la préface de son *Artaxerxe*
dénonce l'usurpation d'une autorité qui revient légitimement
aux anciens ; Pradon retrouve le ton de Cotin ou de Coras
contre « cet exterminateur du menu peuple du Parnasse », cet
« Attila badaud, ce fléau des petits auteurs » (*le Triomphe
de Pradon,* 1684) ; en 1707 encore, une épître qui a dû beaucoup circuler au temps où la *satire XII* dressait les jésuites
contre Boileau, met en doute l'efficacité de cette réforme du
Parnasse. Dès 1685 pourtant, A. Baillet a tiré la conclusion
dans ses *Jugements des savants :*

« Desmarets et Pradon n'ont frappé que les girouettes de l'édifice, quelques efforts qu'ils aient fait pour l'attaquer dans toutes
ses parties et pour en saper les fondements. »

Consacré en effet par la diffusion de ses œuvres, la carrière
officielle et l'entrée à l'Académie, Boileau s'installe dans le
personnage de maître écouté. On le consulte, Racine (lettre
du 18 septembre 1694), Maucroix (lettre du 23 mai 1695)
par exemple ; on le cite aux côtés des grands auteurs (P. Bouhours, *Remarques nouvelles sur la langue française,* 1675 ;
Pensées ingénieuses des anciens et des modernes, 1689 ; P. Richelet, *Dictionnaire français,* surtout en 1693) ; on l'entoure et

on le flatte. Mathieu Marais et Brossette, Le Verrier et Vuillart, Losme de Montchesnay recueillent, par leurs visites et leurs lettres au vieillard d'Auteuil, les propos, les témoignages et les documents où s'alimentera le dix-huitième siècle. Boileau, séduit et devenu soucieux de son personnage, s'empresse de projeter sur son passé l'image que lui renvoie son temps :

Ma muse en sa force
Du Parnasse français formant les nourrissons...

(Épître X, 1694-1695)

En ces deux vers, le critique s'est métamorphosé en chef d'école ; pour les lecteurs futurs avides de simplification et de classement, voilà une suggestion commode ; il ne manque que quelques noms et quelques faits, qu'on trouvera sans peine chez des compilateurs tardifs ou des témoins peu sûrs, pour que naisse une école classique sous la férule de Boileau. La querelle des Anciens et des Modernes, dont Boileau sort finalement moins rajeuni que durci, loin de nuire à la légende naissante, contribue au contraire à la consolider ; cible privilégiée des flèches de Charles Perrault, Boileau figure les résistances au goût nouveau et l'image du législateur cesse d'être le fruit d'une certaine lecture de l'œuvre pour devenir le symbole d'une cause, d'une doctrine et d'une époque que Boileau incarne. La fortune littéraire de Boileau n'est pas indépendante de ce passage à des temps nouveaux : les témoignages d'estime et d'admiration, les actes d'allégeance vont à celui qui déjà représente une tradition ; mais déjà aussi *l'Art poétique* a pris son visage posthume et les notions de raison, de bon sens et de vérité vêtent l'écrivain et son œuvre comme une tunique de Nessus.

Suivons de plus près cette évolution dans les textes ; les termes qu'ils emploient sont appelés à être souvent paraphrasés par la critique ultérieure. Huet qui n'aimait guère Boileau ironise en l'appelant dans ses *Mémoires* « l'arbitre de la gloire et de la honte des gens de lettres », mais F. de Callières le fait nommer « Horace des Français » par Apollon qui décrète que « *l'Art poétique* du poète français sera lu et relu, et appris par cœur de tous les poètes nés et à

naître, sous peine d'être déclarés indignes de cette qualité »
(*Histoire poétique de la guerre nouvellement déclarée*, 1688) ;
mais une ode en 1695 chante lyriquement ses mérites :

> *Que j'aime ta noble audace*
> *Despréaux, quand je te vois*
> *Foudroyer, sur le Parnasse,*
> *Mille rimeurs à la fois,*
> *Du même feu dont ta plume*
> *Lance sur un froid volume,*
> *Les traits qu'il a mérités.*
> *Elle est le pinceau fidèle*
> *Qui nous trace le modèle*
> *Des véritables beautés.*

(Recueil Moetjens)

Bellocq (*Satire des petits maîtres*, 1694)
et Pierre Henry font chorus jusqu'à ce qu'une épitaphe semble
venir, en ressuscitant l'image de la chambre du sublime, sanc-
tionner la légende pour la postérité : « Il tenait en respect nos
fades écrivains » (BN ms. fr. 12730 fᵒ 19). Plus significatifs
que ces textes où se reflète une vogue sont ceux qui proposent
des justifications à ce préceptorat et dessinent un portrait dont
Lanson conservera encore l'essentiel. A. Baillet — « Un critique, mais des plus difficiles et en même temps des plus fins
et du meilleur goût » — La Bruyère (texte V), P. Bayle —
« L'industrie la plus artificieuse des auteurs ne le peut trom-
per » (lettre du 2 octobre 1698) — et E. Lenoble qui le
baptise « prince du bon goût » (*Promenades*, 1705) accordent
à Boileau la justesse et la finesse du goût, mais les présentent
comme l'heureuse rencontre du bon sens (A. Baillet, E. Pavillon) et des grands principes de la raison et de la vérité.
Saint-Évremond, en général si chaleureux et lucide à l'endroit
de Boileau, et même s'il devait louer un peu plus tard en lui
l'héritier favori de la raison des anciens (*Dissertation sur le
mot vaste*, 1678-1681), n'en souscrit pas moins dans le salon
de la duchesse Mazarin aux moqueries de ses interlocuteurs
sur les « fantaisies » de Rapin et de Boileau : « La seule
règle des honnêtes gens, c'est la mode. Que sert une raison
qui n'est point reçue, et qui peut trouver à redire à une extra-

vagance qui plaît ? » (*Défense de quelques pièces de Corneille,* 1677.) Une telle réserve contribue à fixer Boileau dans le rôle ingrat que ses thuriféraires le félicitent au contraire d'avoir joué ; Regnard, en 1706, paraphrase un *Art poétique* désormais amputé de tout ce qui y sauvegardait les droits de l'inspiration, du cœur et de l'émotion :

Maître en l'art du bon vers...
Ton style de tout temps me servit de modèle,
Et si quelque bon vers par ma veine est produit
De tes doctes leçons ce n'est que l'heureux fruit...
Le bon sens est toujours à son aise en tes vers
Et, sous un art heureux découvrant la nature,
La vérité partout y brille toute pure.

(Épître à Boileau)

L'écho atténué s'en fait entendre chez l'abbé de Villiers — « Nous montrant du vrai l'éclat pur et charmant » (*Épître XVI*) — et chez Bernard de la Monnoie :

Ce mortel utile à tant de gens,
Ami du vrai, du bon goût, du bon sens,
Chaud à venger la raison méprisée.

(Apothéose de Boileau)

Les voix conjuguées de Vauvenargues et des poètes seront longtemps impuissantes contre cette image, à laquelle le journal de Mathieu Marais viendra, au dix-neuvième siècle, apporter tardivement la confirmation d'un témoin : « Boileau, c'est la raison incarnée. »

Longtemps réticente face à l'œuvre du satirique, encore partagée après son entrée, piquée peut-être de voir circuler des textes comme cette *Apologie pour M. Despréaux contre les jaloux de sa gloire* qui le félicitait d'avoir sauvé la France des « ténèbres » poétiques et d'avoir ainsi joué à ses risques et périls le rôle dévolu à l'Académie française, celle-ci pourtant, à la réception de son successeur en juin 1711, consacre de son autorité le portrait conventionnel du législateur. On ne verrait dans les propos du récipiendaire et dans ceux de Valincour qui lui répondent (texte VI) que la marque de l'éloquence académique et de l'éloge traditionnel s'ils ne s'accordaient si parfaitement à tous les textes que nous avons précédemment cités :

« C'est par lui qu'on a vu renaître dans la composition ce goût exquis qui s'était perdu. Il fallait instruire, détromper, détruire les préjugés, rectifier les idées sur le style, sur l'éloquence, sur la poésie, donner des précautions contre la contagion du faux bel esprit [...], faire goûter les beautés du caractère naturel. » (Abbé d'Estrées, *Discours de réception.*)

La surimpression du Boileau des dernières années effaçant peu à peu celui des premières satires, son triomphe trop vite célébré sur ses critiques et ses adversaires, les choix qui s'opèrent très tôt dans une œuvre dont on méconnaît à la fois la diversité et l'unité profonde, voilà quelques raisons convergentes qui conduisent à la réduction du poète au régent et de l'apôtre du sublime au prêtre de la raison. En célébrant ainsi en Boileau l'artisan de ce que l'on appellera le classicisme, Baillet et La Bruyère, l'abbé d'Estrées et Valincour ne se doutaient pas qu'ils en faisaient en réalité le fourrier du pseudo-classicisme.

* * *

Les noms de Saint-Évremond, l'exilé d'Angleterre, et de Brossette, le correspondant lyonnais, disaient déjà que la réputation de Boileau ne s'est pas limitée aux cercles parisiens et qu'elle a largement gagné la province et l'étranger. C'est un autre titre de gloire que n'oublient pas de mentionner ses apologistes et qui vient renforcer son prestige et son autorité. Dès 1674, le marquis de Châteaurenard apporte aux académiciens d'Arles un exemplaire des *Œuvres diverses* accompagné de la critique de Desmarets ; l'académie « prend la peine d'entendre lire et d'examiner le livre du sieur Boileau » (*Registres,* f⁰ 124) ; malgré certaines réserves sur « de méchantes césures » ou quelques vers qu'elle ne juge pas dignes « de la réputation que prétend ce moderne auteur », réticences qui pourraient bien être l'écho des remarques de Desmarets, elle se déclare sensible au tour de la phrase, à l'esprit et à « la manière toute nouvelle de sa diction ». En 1687, l'un des illustres de cette académie, Jean de Sabatier, dédiera à Boileau une très chaleureuse épître. La Monnoie en Bourgogne, Le Pays en Dauphiné font aussi, celui-ci par ses répliques amusées, celui-là par sa dévotion, connaître Boileau dans la province. C'est conscient de ce succès que le poète de l'*épître X* feint de gourmander ses vers qui croient « charmer également la cour et les provinces ».

La traduction hollandaise de l'*Arrêt burlesque* (1676), celle de *l'Art poétique* en portugais dont Boileau remercie le marquis d'Ericeyra en 1697, témoignent de la diffusion de l'œuvre à l'étranger. Mais c'est en Angleterre que la fortune littéraire de Boileau semble la plus riche : la traduction de *l'Art poétique* de W. Soame (1683) est revue par J. Dryden et publiée de nouveau en 1710 ; *le Lutrin,* qui ne fait l'objet d'aucune édition séparée en français, est traduit dès 1682, puis de nouveau par J. Ozell (1708 et 1711) avec une préface de N. Rowe, il est imité et adapté en 1692 par J. Crowne ; en 1698, enfin, une traduction du *Traité du sublime* de Longin est comparée avec celle de Boileau. Sans parler des visites qu'il reçoit de Prior, de Maynwaring et Addison, il fournit à ses lecteurs anglais modèle et inspiration ; J. Dryden y nourrit ses propres réflexions critiques et témoigne d'une vive admiration pour les satires dont il apprécie l'unité d'inspiration ; Th. Brown, malgré des réserves sur *le Lutrin,* et J. Dennis, sévère pour le poète lyrique, partagent cette admiration ; J. Addison, impressionné par sa visite, fait appel à son autorité dans son *Spectator* (1711) et porte sur le poète de très élogieux jugements. Cette vogue explique la place prise par Boileau dans les débats esthétiques propres à l'Angleterre du dix-huitième siècle (voir chapitres III et IV*)* ; elle aboutit aussi à l'édition des *Œuvres complètes,* traduites par J. Ozell et précédées de la *Vie de Boileau-Despréaux* que Desmaizeaux fait paraître simultanément en France (1712). Cette *Vie* est une première somme documentaire où puiseront maints commentateurs ultérieurs ; elle propose aussi une image de l'homme en réaction vigoureuse contre celle que suggèrent ses « ennemis » (« Rien n'est plus affreux que le portrait qu'en ont fait ses ennemis ») et, même si elle nuance son jugement sur le poète (texte VII), elle s'insère avec aisance dans le concert des voix qui ont constitué le mythe du poète artisan et du poète régent, lourd héritage que le dix-septième siècle finissant léguait à la critique.

* * *

« Ce n'est pas qu'ils se soucient de rendre justice à l'ancien, c'est que la réputation du moderne les éblouit et les importune », disait en 1702 Morvan de Bellegarde de ceux qui rabaissent Boileau devant Horace (*Lettres curieuses de littérature et de morale*). Il ne faudrait pas non plus, qu'à trois siècles de distance, le légitime souci de réagir contre une tradition et de corriger un portrait qui ne nous paraît plus rendre compte du sens de toute l'œuvre, nous conduise à méconnaître la notoriété considérable de Boileau en son temps et à placer trop vite la lucidité du côté de ses adversaires, l'aveuglement ou la partialité du côté de ses partisans. À lire certaines pages d'Antoine Adam, on s'étonne parfois que Boileau ait réussi à faire ainsi sa marque et que l' « imposture » ait pu durer si longtemps. Qui dit légende, dit déformation d'une vérité initiale. Or celle-ci s'appuie d'abord sur les textes mêmes de Boileau qui a réellement prétendu, après 1674 surtout, à ce préceptorat du goût et à cette direction poétique ; l'erreur est ici sans doute d'avoir trop demandé aux préfaces, à la correspondance, à la *satire IX* ou à l'*épître X,* oubliant que, au dire même de Boileau, l'écrivain est, sur le sens, l'originalité ou la réussite de son œuvre, le moins clairvoyant. D'autre part, Boileau a fourni à une partie du public éclairé de son temps une expression juste et piquante de son goût ; mais, à quelques années de distance, l'accord spontané du sentiment littéraire s'est réduit à un lot de concepts simples qui, isolés, laissaient finalement échapper l'essentiel et constituaient une sorte de code. Dans la réputation de Boileau, une génération cherchait le moyen de croire à l'échec du goût nouveau. Tant il est vrai que la fortune littéraire d'un écrivain s'inscrit dans celle de l'époque à laquelle il appartient.

Le terme de « légende » implique donc un jugement porté après coup, par un regard moderne, sur une lecture de Boileau qui a été celle de la majorité de ses contemporains. Cette vision peut être condamnée dans la

mesure où elle attribuait à Boileau un rôle et une influence
que les moyens modernes de la recherche critique ne permettent pas de confirmer, dans la mesure surtout où elle mutile et
appauvrit son œuvre, laissant dans l'ombre ou refusant d'in-
corporer à peu près tout ce qui a fait l'objet de notre premier
chapitre. Mais, même si l'on joint le portrait du satirique et du
poète à celui du régent, il demeure dans la fortune littéraire de
Boileau au dix-septième siècle des lacunes ; le regard contemporain du développement de l'œuvre et les habitudes de la
critique permettaient-ils qu'il en fût autrement ? Il reste que le
moraliste des satires et des épîtres, hors des griefs de plagiat
— « Singe de Pascal » dit le jésuite Du Cerceau en 1703 —
et de libertinage ou d'effronterie lorsqu'il ose aborder des sujets
religieux (*épître XII, Sur l'amour de Dieu*) ne ressort guère,
en raison peut-être de la riche floraison des moralistes avec
La Rochefoucauld, La Bruyère et la constellation d'obscurs
qui les préparent ou les imitent. La Bruyère, dans la préface
qu'il place en 1694 en tête de son *Discours de réception,* a
deux mots d'éloge pour le « style d'airain » et la rigueur morale
de la *satire X*, Regnard lui donne un vers — « *Qui connut
mieux que toi le cœur et ses travers ?* » — Fontenelle le fait
dialoguer sur des sujets de morale dans une *Rencontre de
Le Noble et de Boileau aux Champs-Élysées,* simple écho
d'une activité sans aucun jugement critique. Lorsque la postérité va se pencher sur le sage (voir chapitre VI), ce sera souvent pour ramener sa morale aux principes qui sont censés
régir sa critique, nature et raison.

La traduction du *Traité du sublime* de
Longin et les *Réflexions* qui s'y greffent ne sont pas moins
méconnues. Desmarets dénonce la plate traduction des citations poétiques ; Carel de Sainte-Garde reproche à Boileau,
non seulement d'être piètre traducteur, mais de n'avoir pas
profité de la leçon de Longin ; et les rares éloges sont de pure
convention ; malgré la chaleur du ton — « La traduction de
Longin qui est le chef-d'œuvre de son auteur, et qui a plus
l'air d'original que de traduction » (*Du sublime dans les mœurs,*
1686) — le P. Rapin use d'un cliché galvaudé qui se retrouve,

dans des formes voisines, sous la plume de Baillet, de Tollius, de Dacier et du Fénelon des *Dialogues sur l'éloquence.* Ce silence devait peser pour trois siècles sur la critique française.

En revanche, dès ses débuts, l'histoire littéraire devait exploiter les suggestions de Cotin et de Guéret (*Promenade de Saint-Cloud,* 1669) sur la jalousie de Boileau à l'endroit des gratifiés, cherchant là le principe explicatif de l'inspiration satirique, ou celles de Desmarets sur la permanence de la veine satirique dans tout le recueil de 1674.

Ainsi, au crépuscule du dix-septième siècle et à l'aube du dix-huitième, l'œuvre de Boileau a cessé d'être totalement vivante alors que sa réputation s'étend à l'Europe entière. Une hiérarchie implicite s'établit sournoisement : passées les polémiques, des textes s'estompent dans la grisaille tandis que *l'Art poétique,* au prix de mutilations diverses, accapare la lumière. Boileau semble prêt pour les anthologies et les actions de grâces qui, montant vers le régent du Parnasse, interposent, comme un écran entre l'œuvre et le lecteur, des formules qui seront colportées jusqu'à nos jours. Voilà Boileau prisonnier et victime d'une gloire qui déformait son œuvre en la faisant connaître.

III

Le poète d'une doctrine
LE LÉGISLATEUR
DU PARNASSE

Sur le rôle de mentor qu'a joué Boileau dans notre histoire littéraire, tout semble avoir été dit. Il importe, pourtant, de reclasser les témoignages, et d'essayer de diversifier les images ainsi proposées. Entre 1710 et 1730, tous les hommes cultivés d'Europe savaient leur Boileau par cœur. Sa traduction complète en anglais (1711-1713) fut une vaste entreprise, dont nous savons, par les dires d'Ozell et de Desmaizeaux, qu'elle répondait à une attente générale. Dubos parlait de ces générations élevées « avec Horace dans une main et Despréaux dans l'autre ». Marmontel, de son côté, voyait Boileau « aux mains de tous les enfants », car son usage, signale un éditeur, « entre dans tous les plans d'éducation » (Lefebvre de Saint-Marc, 1747) [1]. De ce Boileau-professeur comme Horace, le dix-neuvième siècle passera au Boileau-rhétoricien comme Aristote. Avec l'Empire et la Restauration, la gloire scolaire du poète n'avait fait que se confirmer.

1. Voir J. Miller, *Boileau en France au XVIIIe*, p. 143, 454. On se reportera à cet ouvrage pour toutes les références à un écrivain du XVIIIe siècle français.

Puisqu'il n'en sera pas toujours de même, nous soulignons ici le fait : devant le législateur Boileau, Voltaire et les Encyclopédistes se trouvèrent du même côté. Toutes réserves faites sur le satirique, le « maître en l'art d'écrire » pouvait faire leur unanimité. D'Alembert et Marmontel rappelèrent toutes les règles, tout le bon goût, tous les exemples donnés par l'auteur de *l'Art poétique*. L'abbé Mallet lui rendit hommage (*Principes pour la lecture des poètes*, 1745). Un coup d'œil jeté sur l'histoire littéraire du Grand Siècle permit d'accumuler les anecdotes, d'édifier le *Bolaeana* (1742), de composer des notices érudites. Ces contributions de valeur mêlée, l'*Éloge de Despréaux,* lu à l'Académie par d'Alembert en 1774 (texte XVI), l'*Abrégé de la vie de Boileau* par Goujet (1735), les *Mémoires* consacrés par Louis Racine à son père, avaient ceci de commun que, fidèles à la tendance générale de l'historiographie voltairienne, elles resserraient en rangs compacts le petit groupe des écrivains qu'on appellera bientôt « classiques ». Par une pente assez naturelle, on en vint du groupe à l'animateur, et c'est ainsi que se fixèrent les impressions déjà répandues par les *Commentaires* de Brossette — à qui Louis Racine écrivait (1741) : « Vous serez toujours le vrai commentateur » — et de Boileau lui-même. Lorsque Walckenaer (1820) accréditera, pour exercer la sagacité des érudits futurs, le plaisant conte, déjà ébauché par Titon du Tillet, de la « Société des Quatre Amis » (voir p. 110), il ne fera que s'inscrire dans la tradition de l'indispensable oracle. Il y eut donc, pour asseoir la magistrature littéraire de Boileau, la conjonction d'une admiration assez aveugle pour son traité, et d'un culte plus nuancé pour une époque. Le dix-huitième siècle renforce et exploite une image connue du dix-septième (voir chapitre II). Il fallait un gardien du temple, et Boileau en fut le grand prêtre, comme Marivaux le disait en souriant.

Les contemporains de Voltaire communiaient suffisamment dans leurs convictions classiques pour que l'image d'un Boileau-régent s'imposât. Amis ou ennemis des Lumières, ils se considéraient comme les héritiers d'un style dont ils étaient fiers, et ils attribuaient tout naturellement le mérite du style clair et du goût châtié à celui qui, après Malherbe, avait le plus fait pour en diffuser les formules absolues. Pour une fois systématique, Vauvenargues semble déprécier les hommes de la grande époque : Boileau confisque son admiration ; de l'avoir lu est, pour lui, comme un trait de lumière. Voltaire avait lu davantage : il est moins emporté, et il n'accepte pas de voir Boileau « dépriser [son] siècle pour se mettre au-dessus de lui » (*le Siècle de Louis XIV*, chap. XXXIV). Mais il n'est pas moins fidèle. Voyez sa réponse à Helvétius, qui ne trouvait pas Boileau « assez fort » : commencez par écrire comme lui, rétorque Voltaire (1741) à ce vieux gamin grondeur. Abandonnant les *Satires* aux hypocrisies contemporaines, le fils Arouet croit prudent, en 1746, de renier cette face du talent de son maître ; mais c'est pour le déclarer « parfait » dans l' « art d'instruire », car « la raison et la vertu sont éternelles » (Discours de réception à l'Académie française). Il constate aussi la supériorité de la méthode de Boileau sur celle d'Horace (*Dictionnaire philosophique*). L'abbé Batteux, dans son *Cours de littérature* (1747) reprend quantité de commandements de *l'Art poétique,* avant de réunir, en un seul volume, les *Quatre poétiques d'Aristote, d'Horace, de Vida et de Despréaux* (1771).

L'une des dernières manifestations collectives, sous l'Ancien Régime, de la République des Lettres furent les concours ouverts, à partir de 1783, par l'Académie de Nîmes, sur le sujet : l'influence de Boileau. Le concours de 1787 fut l'occasion de découvrir un jeune écrivain que nous retrouverons : Daunou. Il remporta le prix, en se présentant en historien impartial, mais très convaincu de l'importance, chez notre poète, de la veine didactique :

« Des préceptes doivent être courts, exprimés avec une vivacité piquante, faciles à retenir : Boileau conçut le dessein de les mettre en vers. »

Toute une querelle s'ensuivit, où se distingua Cubières, un farouche ennemi des règles, qui rendit *l'Art poétique* responsable de l'étouffement des grands talents :

« La sévérité des préceptes fait perdre l'envie de donner jamais des exemples. »

L'ensemble de ce débat, dans lequel intervinrent, entre autres, Moutonnet, Ximenès, La Harpe et Le Prévost d'Exmes, permet de mesurer l'immense prestige de Voltaire. Quelque opinion que l'on ait à défendre sur Boileau, on juge son rôle historique de la même façon que Voltaire.

Pour le législateur du Parnasse, les ardeurs de l'étranger n'étaient pas moins vives. L'Anglais J. Warton, qui aura, sur d'autres points, des réserves à faire, prononce, en 1756, un magnifique éloge de *l'Art poétique* (texte XII). Des Russes, nous savons que le second de leurs poètes, Trédiakovski, traduisait, en 1752, le même ouvrage en leur langue et en vers. En Espagne, Luzán publiait une *Poétique, ou règles de la poésie en général et de ses principaux genres* (1737) tout inspirée de Boileau. Même inspiration dans l'*Essai d'un art poétique critique pour les Allemands* (1730) de Gottsched. Mais c'est peut-être en Italie qu'au contact d'une critique justement fière de ses traditions, on apprécie le mieux l'empire de Boileau. Les œuvres d'Algarotti et d'Arteaga se réfèrent constamment à l'exemple du Français. Et cela devait durer au moins jusqu'en 1806, où un traducteur de *l'Art poétique,* Buttura, vivement loué encore par Manzoni, exhortait ses compatriotes à se pénétrer de Boileau [2].

Quelles étaient ces règles impérissables ? Quels étaient ces principes qu'on pouvait tenir pour légitimes, puisque Despréaux les avait prononcés ? On peut espérer d'un intérêt ravivé récemment pour la poésie du dix-huitième siècle certaines précisions sur ce point, qu'ont un peu négligé les recherches antérieures. N'attendons pas trop de système de cette époque de pragmatistes. La pureté de la langue, la rigueur de la versification, la spécialisation du langage poétique, voilà les mérites que reconnaissent au « législateur » les d'Alembert et les Marmontel. Le premier, sans admirer lui-même, signale (*Éloge,* note XXII) que « tous les professeurs de rhétorique » prisent, dans *le Lutrin,* la périphrase du briquet. Et l'on relève, chez un fidèle sectateur de Voltaire, une expression fort significative de cette tendance : c'est le jeune La Harpe louant

2. Textes cités par G. Maugain, *Boileau et l'Italie,* p. 75, 88-95.

Boileau pour son sens du « mécanisme du vers français »
(*Mercure de France,* mars 1771). À ce « mécanisme » s'ajou-
tent les fameuses règles des genres, le refus du merveilleux
chrétien, la vraisemblance historique, et des conseils généraux
sur le génie et sur la raison. Ce n'est que plus tard que, mû
par d'autres intérêts, on essaiera d'organiser, par exemple
autour de l'idée de nature, la pensée de Boileau. L'héritage
immédiat des hommes des lumières, sur ce point, c'est une
certaine technologie du fait poétique.

L'attention ainsi portée à la façon d'é-
crire, la foi dans des méthodes créatrices de beauté se tradui-
sent moins par la rédaction de codes que par un découpage
appliqué de l'œuvre de Boileau. Ses vers les mieux frappés
sont érigés en maximes : on les répète pieusement comme des
commandements de l'art d'écrire. Surtout, ses poèmes deviennent des recueils d'exemples pour dictionnaires, grammaires et
cours de rhétorique. Il arrive même que, pressés par le temps
et obsédés par son prestige, des grammairiens hâtifs lui attri-
buent indûment des vers de Racine ou de La Fontaine : ainsi
Collin, dans son *Maître d'éloquence française* (1806). Plus sérieux, J.-P. Legeay rédige un *Traité élémentaire de l'Art poétique* (1802), dont le sous-titre renferme tout un programme :
*ou la Poétique de Boileau développée et appuyée des exemples
tirés des meilleurs auteurs français.* Pierre Fontanier marque
l'aboutissement de ce type de recherche. Son *Manuel classique
pour l'étude des tropes* (1821) et son *Traité général des figures
du discours autres que les tropes* (1827) abondent en citations
de Boileau.

Le Consulat et l'Empire ont sans doute
assisté aux débordements les plus spectaculaires de cette impé-
rieuse doctrine. Dans « *l'Art poétique* de l'Horace français »,
La Harpe voit

« ... une législation parfaite dont l'application se trouve juste
dans tous les cas, un code imprescriptible dont les décisions
serviront à jamais à savoir ce qui doit être condamné, ce qui
doit être applaudi » (*Cours de littérature,* 1799).

Cette prétention à l'éternité, cet impérialisme de plus en plus
prononcé se lisent aussi chez Geoffroy (*le Spectateur français*

du dix-neuvième siècle, 1807), qui, reprenant la formule du « code éternel », avance que « ce poète de la raison et du goût sera dans tous les âges un guide fidèle et sûr ». Tant d'assurance intolérante devait nécessairement déclencher une réaction : elle était imminente.

* * *

Au début du romantisme, l'image régnante de Boileau comme législateur n'était donc pas n'importe laquelle. On avait alors toutes les raisons d'employer couramment des expressions qui ont fait fortune. Le « Boileau pédant » est en germe dans une formule percutante de Mme de Staël. Le « sceptre de Boileau » n'est pas une invention de Sainte-Beuve : celui-ci n'eut qu'à reproduire le programme agressif de certains « classiques » de la Restauration, qui se promettaient, comme, en 1821, la Société des Bonnes Lettres fondée par Fontanes, de se faire « les défenseurs de toutes les légitimités, de toutes les vraies gloires, du sceptre de Boileau comme de la couronne de Louis ».

Les jeunes romantiques se rebiffèrent plus devant le Boileau qu'on leur opposait que devant celui qu'ils pouvaient lire. Le Boileau d'un certain dix-huitième siècle déplaisait, par ses grimaces de régent, à une génération persuadée qu'elle n'avait plus besoin de maîtres. Sainte-Beuve l'écrira, dans *La Fontaine de Boileau* (1843), en invoquant 1830 et ses acteurs :

Bruyants, émancipés, prompts aux neuves douceurs,
Grands écoliers riant de leurs vieux professeurs.

Rares sont, d'ailleurs, chez les grands poètes parlant de Boileau, les traces d'une acrimonie précise. Les épigrammes, comme l'écrit Sainte-Beuve en 1829, ne sont plus de saison : on en avait, depuis si longtemps (voir chapitres I et V), tant fait contre Boileau, qui s'en prenaient à l'homme mais négligeaient « les principes et le fond de la poétique ». C'est sur ce terrain qu'il est intéressant de suivre les nouveaux écrivains.

« Le correct, l'élégant, l'ingénieux rédacteur d'un code poétique abrogé » (Sainte-Beuve, 1829) a donc été contesté et repoussé, il a rarement été caricaturé et injurié par l'école de Hugo comme il l'avait été par certains beaux esprits du siècle précédent. Le poète des *Odes et Ballades* sourit sans méchanceté, dans sa préface de 1824, des anachronismes qu'entraîne l'emploi de la mythologie. Les « Alcides » de l'*Ode sur la prise de Namur* et les « naïades » du *Passage du Rhin* ne sont, d'ailleurs, raillés là qu'au nom du principe tout classique de la bienséance des mœurs et de la cohérence du sujet. Mais les « règles imposées au langage » sont explicitement attribuées à Boileau, et revendiquées par Hugo, dans la préface de 1824. Celle de 1826 est déjà plus nuancée : « Il faut aimer *l'Art poétique* de Boileau, sinon pour les préceptes, du moins pour le style. »

Au plus fort de la bataille romantique, le ton de Hugo se durcit quelque peu. La *Préface de Cromwell* (1827), celle des *Orientales* (1829) rangent, à deux reprises, Boileau parmi les adversaires du goût nouveau, qui refusent le mélange des genres et la liberté dans l'art. On le trouve, pour son malheur, coincé entre Aristote et La Harpe par les « classiques » en quête d'autorités. Lors du procès du *Roi s'amuse* (1832), le *Discours* prononcé par Hugo à cette occasion ne désigne Boileau que comme l'incarnation d'un conservatisme borné. Mais ce n'est s'en prendre qu'au Boileau-symbole, l'homme d'une « belle littérature tirée au cordeau », le « ci-devant » contre lequel, plus tard, le Hugo des *Contemplations*, enflant jusqu'à l'épique les luttes de sa jeunesse, prétendra s'être battu (*Réponse à un acte d'accusation*, 1854). Mais Hugo n'a jamais confondu le porte-drapeau des « classiques » de son temps avec le poète Boileau, son confrère.

Musset n'est pas plus sévère, il l'est même plutôt moins, à l'égard de celui qu'il appelle, à son tour, « le sage législateur du Parnasse ». Il décèle bien quelque pruderie, un rien d'hypocrisie dans les règles visant à la chasteté du langage. Il a, pour dénoncer l'ascétisme de sa versification, le joli mot de « tisane ». Il fait, enfin, de Boileau, dans son pénétrant article sur Jean-Paul Richter (1831), le prototype des académistes, des éternels dénonciateurs, du « trivial » et de l' « ampoulé », ces modalités du style que lui-même ne veut pas dédaigner. Mais Musset, pour l'essentiel, a fixé sa position dès 1830 (*les Secrètes Pensées de Rafael*) : la mêlée romantique était une fausse mêlée, et les lutteurs sont, à ses yeux, presque réconciliés ; c'est justement Boileau qui préside à ce retour au calme.

Revenons à Sainte-Beuve et à son « Boileau » de 1829 (texte XXI). L'article, bien placé (il était le premier du premier numéro de *la Revue de Paris*), fit scandale « dans un certain camp ». Le directeur s'était, il est vrai, donné le malin plaisir de l'orner d'un titre supplémentaire : « Littérature ancienne », imprima-t-il cavalièrement. Le contenu de l'article ne lui donnait pas tort. Car Sainte-Beuve insistait beaucoup sur ce que Boileau avait de démodé : sa langue et son style. Le poète lui blesse les oreilles par sa « manie des périphrases ». Doit-on reprocher à Boileau ce qu'on trouve surtout chez Delille ? Oui, tranche cette fois Sainte-Beuve (qui aura changé d'avis en 1837), car il s'imagine, en 1829, que Boileau fut l' « un des premiers », et qu'il s'attacha « plus instamment que tout autre » à introduire ces figures dans les vers. Même réaction devant les métaphores. Et de prononcer qu'« en général, Boileau, en écrivant, attachait trop de prix aux petites choses : sa théorie du style n'était guère supérieure aux idées que professait le bon Rollin ».

C'est donc bien le Boileau correct, celui des « axiomes » et de leur « prosaïsme ordinaire » (d'après un autre article de 1829), que Sainte-Beuve rencontre pour le déprécier. Nous ne soutiendrons pas qu'il n'ait que ce reproche à lui faire. Mais ce grief s'inscrit dans la ligne de la réputation du régent. Il convenait de lui faire un sort à part, et de signaler ainsi l'unanimité des romantiques devant cet aspect-là du Boileau traditionnel.

IV

Le poète d'une doctrine
SUBLIME ET GOÛT

Au dix-huitième siècle, cependant, la réputation de Boileau se trouve aussi engagée dans deux causes fameuses, et qui dépassent les problèmes des règles et du code. La première de ces causes reste assez théorique pour notre sujet : c'est la querelle du génie. La seconde a des ramifications plus vastes : il s'agit du sublime, de la réputation de Longin, et de tout ce qui prépare, en Europe, l'esthétique du sentiment individuel et sa formulation par Kant.

Dans la querelle du génie, le nom de Boileau n'a été invoqué que de façon épisodique. On se rappelle, certes, l'insistance qu'il avait mise à réclamer, chez tout poète, des qualités natives. Mais ses héritiers, tel Voltaire, eurent tant à lutter pour défendre la poésie qu'ils développèrent leurs propres arguments, renouvelés et originaux, sans trop se soucier, sur ce point, des leçons du maître. Face aux théories antipoétiques des cartésiens littéraires, il y eut une bataille à livrer. Et « la résistance que [Voltaire] est obligé d'opposer à cette géométrie, que Boileau n'avait guère connue, l'amène à insister sur les qualités spontanées de l'esprit beaucoup plus que Boileau ne l'avait fait » (R. Naves, *le Goût de Voltaire,*

p. 193). Parfois, cependant, certains auteurs engagent Boileau sur ce terrain assurément très différent de celui sur lequel on avait pris l'habitude de le voir régner. Dès 1719, les *Réflexions critiques* de Dubos se fondent sur cette autorité pour développer une critique du sentiment (II, XXII) ; elles ne reconnaissent aux règles qu'une valeur négative (II, VIII). Plus tard, Vauvenargues trouve à Boileau « un génie bien singulier », et veut expliquer par là sa supériorité sur tous ses contemporains (texte XI). Montesquieu va un peu dans le même sens :

« Les imitations des anciens ont fait croire que Boileau avait plus d'esprit que de génie, et moi, vu la stérilité de son esprit, je lui trouverais plus de génie que d'esprit. Effectivement, il n'y a presque pas une de ses pièces où l'on ne voie l'homme de génie. » (*Mes pensées,* II, 52.)

À part ces quelques cas, l'époque était peu préparée à se laisser inquiéter, à propos du génie, par l'ombre de Boileau. Cette ombre ne trouble ni Diderot ni J.-J. Rousseau, qui se contentent de lui faire prononcer, à ce sujet, quelques vers plus ou moins correctement mémorisés. Plus significative encore de l'aveuglement général la manière dont furent accueillies les premières influences des poètes anglais. Parmi les lecteurs, et principalement les journalistes, qui se chargeaient de cet accueil, il n'y en eut pas pour dire que ces génies impétueux, ces verves endiablées leur rappelaient au moins l'une des figures de Boileau. Non ! Boileau était trop bien figé dans ses fonctions de satirique et de législateur pour qu'on consentît à le reconnaître comme le héraut des dons innés.

En Angleterre, au contraire, un autre Boileau a rapidement concurrencé le « régent du Parnasse ». Nos anglomanes des Lumières ont oublié de retransmettre cette leçon-là. Car, chez les Anglais, le Boileau critique fut aussi le Boileau du sublime, celui qui contribue à préparer l'avènement d'une esthétique du sentiment. Avatar si inattendu dans la tradition française que le lecteur aura peut-être quelque peine à nous suivre. Il suffit, cependant, d'anticiper sur notre chapitre VIII pour discerner ce que doivent aux esthéticiens anglais du dix-huitième siècle les auteurs de notre temps, qui, souvent d'Angleterre ou d'Amérique, ont rendu au Boileau d'aujourd'hui des traits jusque-là négligés par l'érudition moderne.

Dès l'origine, en effet, c'est en Angleterre que le *Longin* reçut le meilleur accueil. De 1680 à 1713, on composa cinq versions anglaises du *Traité du sublime* : trois ou quatre d'entre elles ou bien sont de simples retranscriptions de la traduction de Boileau, ou bien lui doivent beaucoup. En 1739 encore, le plus connu des traducteurs anglais de Longin, W. Smith, louera « l'élégance et la verve » de l'œuvre de Boileau, dont, entre-temps, des vers de Swift *Sur la poésie* auront attesté la popularité. La *Préface* de Boileau et ses *Réflexions* ont accompagné, dans sa fortune, le *Longin* lui-même, comme le montre le continuel emploi, dans la critique, du terme de « sublime », au sens, propre à Boileau, d' « élévation ».

On le sait : l'apport majeur du *Longin* et de ses annexes fut de renverser le sens du mot « sublime ». Ce mot qui, avant Boileau, ne servait qu'à la définition d'un niveau de style (le grand style orné) a été, par ses soins, détourné de son appartenance rhétorique pour illustrer un mode de pensée, un pouvoir émotif, pour s'exprimer éventuellement (suprême paradoxe par rapport à la terminologie initiale) par la « petitesse énergique des paroles ». En France, tout cela a été enregistré — comme en témoigne la définition, empruntée à Boileau, du Sublime par l'*Encyclopédie*   , mais non vécu. Les Anglais, au contraire, ont fait fructifier le concept, bien au-delà, d'ailleurs, du point où l'on pourrait légitimement parler d'une influence de Boileau. Mais ce bourgeonnement même a contribué à lui maintenir une position assez différente de celle qu'il conservait en France.

Les Français des Lumières s'étaient si bien habitués à leur propre Boileau qu'à part quelques exceptions isolées [1], ils ont méconnu le traducteur de Longin. Rollin recommande, sans doute, le livre aux écoliers comme un traité

---

1. Quoique dédié à M. Despréaux, le *Traité du sublime* (1732) de Silvain ne s'inspire pas de celui de Longin.

de rhétorique ; d'Alembert y discerne « les jugements les plus sains en matière de goût et les meilleurs principes de littérature » (*Éloge,* note XXIX). Mais La Harpe, dont nous avons pu mesurer la dévotion, n'aimait pas cette traduction. Daunou, qui l'avait vantée en 1787, oubliera de reproduire ses éloges dans ses notices ultérieures. Il y a plus grave : cette époque-là n'a pas l'idée d'insérer dans une explication d'ensemble cette partie de l'activité critique de Boileau. Lorsque Séran de La Tour (*l'Art de sentir et de juger en matière de goût,* 1762) présente Longin comme le modèle du critique, il ne lui vient pas à l'idée de se référer au traducteur de Longin. Quant aux adversaires du cartésianisme littéraire et de l'esprit « philosophique » — Louis Racine, par exemple, qui s'inquiétait fort des droits du génie — ils ne songent nullement à fortifier leur cause de citations des *Réflexions sur Longin.* Ces *Réflexions,* Mathieu Marais (lettre du 30 décembre 1724) les connaissait si bien qu'il croyait qu'elles étaient en vers !

Seuls, peut-être — mais ils sont mal connus — les rares admirateurs de la Bible que comptait le siècle surent-ils apprécier, comme les esprits religieux du dix-septième, la pertinence de remarques littéraires inspirées sur plusieurs points du style de l'Écriture. C'est, en tout cas, ce qui se produisit en Angleterre, où l'évêque Robert Lowth et d'autres ecclésiastiques reprennent à Boileau sa définition du sublime. L'esthétique et surtout la littérature d'art respirent, elles aussi, cet air longinien, cependant qu'on retrouve l'influence de Boileau dans la qualification de « sublime » maintes fois accordée aux brèves paroles de Corneille. Ils se mettent, consciemment ou non, sous le patronage de Boileau, tous ceux qui admirent le *Moi* de Médée ou le *Qu'il mourût* du vieil Horace.

Ce type d'influence insaisissable existait un peu chez Voltaire, mais a laissé, en France, une trace moins nette, parce que le sublime n'y était pas, au dix-huitième siècle, une question d'actualité. Mais les Anglais de l'époque, qui avaient la tête métaphysique, créèrent un autre climat. À partir des idées répandues par la traduction de Longin, ils organisèrent une certaine résistance contre les dogmes classiques des règles, de l'ordre et de la séparation des genres. On vit Dennis, Addison, et, en 1762, Lord Kames s'appuyer sur le *Traité du sublime* pour élaborer ces mêmes concepts qu'en France les discussions sur le génie étaient en train de répandre. Sans prétendre qu'il y ait toujours, dans ce courant de pensée, des références assez directes à Boileau pour qu'elles puissent s'inscrire dans sa fortune littéraire — le fameux traité d'Edmund Burke, *Sur le sublime et le merveilleux* (1756), ne mentionne pas son nom — nous croyons pourtant indispensable de relever ces faits : ils permettent de penser que toute l'opinion anglaise n'était pas acquise au mythe du « régent du Parnasse ».

* * *

Ces nuances, la France les adoptera lentement. Ce sera, en partie, grâce au renouvellement du goût qui s'y opère dans la première moitié du dix-neuvième siècle. Déjà *la Muse française* reconnaissait, en celui qui avait su discerner « avant la postérité, toute la sublimité d'*Athalie* » (A. Guiraud, 1824 : texte XX), du talent pour sentir la grandeur. Déjà Hugo s'était douté qu'on aurait pu enrôler Boileau sous une autre bannière que celle des adversaires du romantisme. La *Préface de Cromwell* est le seul monument critique important qui cite de larges extraits du *Discours sur l'ode* touchant à l'enthousiasme poétique et à la relativité des règles. S'il n'a pas choisi de poursuivre cette intuition, Hugo n'oubliait pas entièrement les *Réflexions sur Longin*. À preuve son allusion au *Qu'il mourût* du vieil Horace au moment même où on l'attendait le moins : lorsque l'abject Thénardier, bravant les éléments, réussit à s'évader de la prison de La Force (*les Misérables,* IV, VI, 3). C'est qu'il y avait là du sublime, et que, pour un lecteur de Boileau, le sublime appelle inévitablement la référence cornélienne.

Sainte-Beuve, pourtant si riche de facettes, ne semble pas avoir recouru, pour rectifier ses vues sur l'auteur de *l'Art poétique,* aux pages de Boileau sur le sublime. Mais il s'est débarrassé progressivement du Boileau de ses précepteurs, et, pour commencer, a su ramener la critique à la considération d'évidences chronologiques qu'elle négligeait quelque peu. Rétablissant la perspective de la littérature louis-quatorzienne, il a écrit en 1848 (et sans doute découvert bien plus tôt) que *l'Art poétique* était « le code d'autant plus sage de ce siècle qu'il n'en avait pas devancé les chefs-d'œuvre » (*Port-Royal,* III, XIX). Ce n'est pas tout : des préoccupations qui, chez Sainte-Beuve, sont très profondes l'ont conduit à reprendre d'un œil neuf l'étude d'un écrivain qu'il se plaît à considérer, d'une certaine manière, comme son prédécesseur : « Boileau est un des hommes qui m'ont le plus occupé depuis que je fais de la critique, et avec qui j'ai le plus vécu en idée. »

Son article de 1852 (*Lundis,* VI) commence par remettre en sa juste place son article de 1829, qui n'est pas renié, mais que Sainte-Beuve déclare incomplet et « un pied dans la polémique ». Plus question de mesquinerie dans le détail ou de petit talent : c'est la sensibilité de Boileau décelée dans la satire, c'est le « culte des bons ouvrages » reconnu comme un « amour », chez celui qui « loue à plein cœur » et comme un homme « touché » (texte XXV). « Cet œil gris pétille d'une larme », écrit Sainte-Beuve, après avoir conclu sur ce trait la méditation que lui inspire le buste de Boileau par Girardon :

« Comme on sent bien que ce personnage vivant était le contraire du triste et du sombre, et point du tout ennuyeux ! »

Dès lors se dégage une figure tout à fait nouvelle, et qui peut paraître propre à clore notre enquête sur l'image magistrale de Boileau. Sainte-Beuve en est revenu à l'idée d'une direction, mais c'est par un tout autre biais, et en la nuançant notablement. On pourrait croire, à première vue, qu'il se contente d'une explication simpliste. Il invoque un peu trop Louis XIV, il désigne le poète comme « son contrôleur général du Parnasse », et l'on sent que son style — peut-être par une sorte de regret personnel — louche vers la politique et vers la protection qu'apporte le pouvoir aux fonctions du critique. La pensée de Sainte-Beuve dépasse, en fait, ces platitudes. Le rôle qu'en réalité il assigne à Boileau est d'être le révélateur des vrais talents.

L'idée s'était progressivement faite en lui que, loin d'être un simple réservoir de règles, ou même le symbole d'un goût, Boileau pouvait être une personnalité dont la seule « présence respectée » (1852) avait influencé ses contemporains et la postérité. Il croit encore, en 1831 (*Paris, ou le Livre des Cent et un*), que cette présence intimidante risque d' « effaroucher » les « tendres » poètes, et nommément Racine. Mais il en vient, lorsqu'il note la finesse de l'appréciation (par exemple dans l'article « Molière » de 1835), à attribuer à Boileau une capacité vraiment particulière, celle de savoir guider ses confrères :

« Dans le beau siècle dont nous parlons, ce devoir rigoureux, cet avertissement attentif et salutaire se personnifiait dans une figure vivante, et s'appelait Boileau. Il est bon que la conscience intérieure que chaque talent porte naturellement en soi prenne ainsi forme au dehors et se représente à temps dans la personne d'un ami, d'un juge assidu qu'on respecte ; il n'y a plus moyen de l'oublier ni de l'éluder. » (*La Revue des Deux Mondes,* 15 janvier 1844.)

Comment s'explique ce regard neuf ? Sainte-Beuve se sent concerné, concerné personnellement, et surtout dans les rapports qu'il entretient lui-même avec ses contemporains. Quand il parle de Boileau, c'est décidément aux romantiques qu'il pense. Ses contributions ultérieures développent son article de 1829, mais elles le développent dans un sens inattendu. Tempérant ses premières admirations, Sainte-Beuve s'est inquiété des excès du romantisme social. Il s'est alors retourné vers son prédécesseur, dont le rôle « fut d'enseigner [son] siècle et de le maintenir » (*La Fontaine de Boileau,* 1843 : texte XXII). Boileau saurait, s'il revenait au monde, ramener les poètes à la considération de la poésie ; il corrigerait ces égarés qui « vise[nt] au parlementaire » et arracherait les vrais talents au vertige de l'activité électorale. Sainte-Beuve a mis quelque temps à abandonner cette utilisation polémique du nom de son devancier : lorsqu'il en vient à admettre que les poètes romantiques forment école, c'est pour les traiter d' « écoliers en vacances », auxquels « il a manqué un Boileau » (1852).

Mais, ici, se trouve reprise la considération positive du rôle de Despréaux. Dans le groupe des grands

écrivains de son temps, il remplissait une fonction propre :
il empêchait chacun de ses compagnons d' « abonder dans ses
défauts ». Rôle de pédagogue plutôt que de pédant : « Il les
contraignit à leurs meilleures et à leurs plus graves œuvres » ;
on peut penser que cette fonction, Sainte-Beuve, de par la
supériorité de sa culture, rêvait de la remplir auprès de ses
contemporains. D'où, désormais, quand il reparlera de Boileau,
une sorte de détente heureuse, et l'impression de se retrouver
en famille. Pour celui qui met la dernière main au livre VI
de *Port-Royal,* c'est devenu un plaisir de se présenter comme
capable de comprendre « le bon sens pratique armé et incor-
ruptible » (chap. VII). Il n'éprouve plus aucun « embarras »
à retracer « sa figure [...] restée debout, intacte, de plus en
plus honorable et honorée ».

       Sainte-Beuve a donc été finalement im-
pressionné par la haute stature du critique vénéré. Tel est le
dernier avatar important du personnage que nous avons suivi
dans les deux précédents chapitres. Remarquons, avant de le
quitter, que Sainte-Beuve ajoute encore une nuance à celles
dont ses réflexions entouraient déjà l'image du « Législateur ».
Lorsqu'il dénonce son « siècle d'anarchie et d'indiscipline »
(1852), lorsqu'il déplore « le mélange et la corruption qu'engendrent les littératures trop longtemps livrées à elles-mêmes »
(1857), Sainte-Beuve reprend à son profit l'attitude qu'une tradition établie prêtait au Boileau des *Satires.* Les moqueuses
clameurs, les railleries sans merci dont ces poèmes avaient
accablé les précieux et les burlesques, Sainte-Beuve voudrait
savoir les reproduire. Il s'imagine volontiers chassant, à son
tour, devant lui « les restes d'une époque gâtée » (1857). Mais
pour « balayer ce qui est usé » (Sainte-Beuve affectionne cette
image), il faudrait retrouver le secret du grand satirique, que
La Fontaine de Boileau louait d'avoir départagé le vrai goût
du faux, et même d'avoir su épurer sans médire :

Comment tout démêler, tout dénoncer, tout suivre,
Aller droit à l'auteur sous le masque d'un livre,
Dire la clef secrète, et, sans rien diffamer,
Piquer pourtant le vice et bien haut le nommer ?

Sous la plume de Sainte-Beuve, se superposaient avec bonheur plusieurs des profils posthumes de Boileau. Son admiration l'amenait à rapprocher, du professeur de sa jeunesse, le satirique et le moraliste dont nous allons parler maintenant.

V

Le poète d'une sagesse
SATIRE ET RAISON

Comme l'écrira, avec éloge, un des premiers « romantiques » : « Boileau nous décocha les traits satiriques d'Horace, qu'il avait retrempés » (A. Guiraud). Mais ces siècles de lettrés n'ignoraient pas l'essentiel : Boileau avait pu porter la satire à un certain niveau de distinction et de généralité — le niveau même que lui donnait Horace — parce que, comme Horace, il investissait sous forme de satire une conception générale de la poésie. Le fait de trouver des titres identiques chez les deux écrivains jouait dans le même sens que la tapageuse prétention, chez Boileau, d'être un « Ancien » de la fameuse querelle. L'immense et profonde diffusion des humanités classiques entraîna donc le commun des lecteurs très loin des dénonciations amères d'érudits qui, souvent, piquaient la curiosité sans être crus.

En effet, presque toute l'hostilité à Boileau qui s'est manifestée au cours du dix-huitième siècle s'explique par des griefs d'ordre personnel. Sa vocation de satirique viendrait de sa malignité, et l'on tire de là toute une peinture de l'homme, de sa sensibilité et de ses goûts. Il aurait donc été méchant, comme l'affirmait Jean Le Clerc, au lendemain de sa mort :

« Un esprit sombre et sec, plaisantant d'une manière chagrine, stérile ; ennuyeux par ses redites importunes ; [...] un style pesant, nulle aménité, nulles fleurs, nulles lumières, nuls agréments autres que ceux que la malignité des hommes leur fait trouver dans la médisance ; une humeur noire envieuse, outrageuse, misanthrope, incapable de louer, telle qu'il la reconnaît lui-même. » (*Bibliothèque choisie,* 1713.)

On prétend faire ici le constat d'un sombre tempérament, et les défenseurs de Boileau ont toujours soutenu que ce type de calomnie remontait à Fontenelle et au parti des « Modernes ». Il remontait, en réalité, à 1666 (voir chap. premier).

De fait, avec Condillac et Condorcet, d'Alembert et Marmontel représentent cette veine hostile à Boileau. Fontenelle les avait-il catéchisés ? On constate, en tout cas, que d'Alembert reprend une observation de l'abbé Trublet (1735), et déclare qu'on « sent le travail » dans les vers de Boileau. Chez Marmontel, il y a plus qu'un reproche de platitude : tout Boileau se trouve visé (texte XIII). Le fait de ne pas le reconnaître d'abord pour un tempérament satirique retire à ces critiques leur sympathie pour l'œuvre entière. On aboutira ainsi à l'aigre censure de Dubois-Lamolignière (1801) :

« Des éloges fades, des critiques injustes, et le mépris le plus révoltant pour l'homme malheureux ; voilà le fond de ses *Satires.* »

Cette optique est mesquine, mais elle peut s'expliquer. Il ne faut pas oublier dans quelles éditions le public, pourtant le mieux disposé, lisait l'auteur. Les commentaires de Brossette (1716), relayés par ceux de l'abbé Souchay (1735, 1740), le fait que ces commentaires remontaient à la relecture de son œuvre par Boileau lui-même laissaient flotter autour du monument tout un parfum d'autobiographie, et comme une petite odeur de scandale. Pendant longtemps, l'édition Lefebvre de Saint-Marc conserva la réputation d'avoir été annotée et recueillie dans un esprit défavorable à Boileau. Ainsi le public du dix-huitième siècle n'était pas trop tenté de figer le poète dans un hiératisme trop rigide. Ce sont les petits côtés de la création, les traits d'esprit, les souvenirs de broutilles toujours allégués qui viennent rappeler au lecteur de *l'Art poétique* — et particulièrement à celui qui s'attendrait à trouver cet ouvrage solennel — que tous ces beaux préceptes sont, à l'origine, l'œuvre d'un railleur et d'un emporté. Qu'en un mot, le monde de la satire est celui dans lequel se meut le plus naturellement l'esprit de Despréaux.

Un coup d'œil sur la réputation de Boileau à l'étranger confirmerait sans doute ce point. On ne se faisait pas partout une vue trop guindée du personnage. En Russie, c'est le satirique, et non le législateur, que, dans leurs professions de foi, des écrivains comme Soumarokov proposaient à l'admiration de leurs compatriotes. En Angleterre, dans ce pays qui, à l'instar de la France, réservait à Boileau un accueil presque triomphal, le satirique fut connu le premier.

Les Anglais comprirent l'importance de la satire à l'intérieur de l'œuvre. Dryden participa donc à l'anglicisation d'une traduction de *l'Art poétique* composée dès 1680, par Sir William Soame. Les exemples du Français furent, par ses soins, transposés en termes de littérature anglaise. On put lire : « Enfin survint Waller », à la place de : « Enfin Malherbe vint. » C'était rester fidèle à l'esprit d'une œuvre ellemême toute d'humeur et nullement embaumée. Dryden louait, d'ailleurs, Boileau d'être « un Horace et un Juvénal vivants ». Car les Anglais avaient la nette conscience d'avoir affaire à un satirique. Plus des trois quarts des allusions directes de Dryden à Boileau se lisent dans un écrit au titre significatif, *A Discourse of Satire* (1693). Addison voudrait même des satires plus satiriques : la *satire VIII* lui semblait, dans sa généralisation trop morale, éloignée de l'idéal du genre. Comme Shaftesbury, cependant, il admirait cet aspect du talent de Boileau, si différent des poètes français polis et grêles, et qui mettait sa verve au service de ses principes. Sa culture lui avait permis de devenir le noble satirique qui, provisoirement, manquait aux Anglais, et que ces critiques voudraient voir naître.

Il était né, ce poète : il s'appellera Alexander Pope, Pope pour qui l'œuvre de Boileau présente tant

d'unité que l'*Essay on Criticism* (1711) emprunte indifférem-
ment ses arguments à *l'Art poétique* et à des passages des
Satires, qu'il généralise sans le dire. Lorsque, dans le prologue
de la *Dunciad* (1728), Pope voudra repousser les attaques
malignes de ses ennemis, Boileau lui servira de bouclier : c'est
l'imprescriptible droit des satiriques que de s'en prendre aux
mauvais poètes. Sans doute arrive-t-il à M. Pope de faire
claquer son fouet aux dépens du Français. Ce procédé, outre
qu'il trahit la vénération dont son public entourait Boileau, se
justifie peut-être en partie par une urbanité plus fine de la
critique, un tour plus horatien que chez son inspirateur. La
formule « grâce satirique » qu'a forgée Ozell (1710) pour traduire ce que Boileau appelait « élégant badinage » semble
avoir été inventée pour lui.

* * *

Des poètes anglais, nous passerons natu-
rellement à celui qui fut, en France, leur premier vulgarisateur.
Dans les *Lettres philosophiques* (1734), Voltaire a fait connaître Rochester et Waller (XXIe lettre). Du premier c'est
précisément l'énergie satirique qu'il loue, supérieure même à
celle de Boileau. Quant à Pope, qu'il imitera lui-même à plusieurs reprises, il le jugera plus tard plus sérieux et plus pénétrant que Boileau :

Mais Pope approfondit ce qu'ils [Horace et Boileau] *ont effleu-
ré. (Poème sur la Loi naturelle,* 1752.)

Mais lorsque, pour commencer, il admire, dans *The Rape of
the Lock,* l'allégorie de la Mélancolie, c'est — suprême éloge
— pour la mettre en parallèle avec la Mollesse du *Lutrin* :
là encore, même force verbale, et, pour s'en tenir à Boileau,
une vive perception de ce que son talent de satirique ajoutait
à toute sa poésie.

Faut-il alors croire Voltaire, lorsqu'il af-
fecte, à son propre sujet, de n'aimer pas la satire ? On le voit
souvent prôner une poésie douce et gracieuse, et qui ne ferait
pas saigner, une poésie à la manière de Quinault (*le Temple
du goût,* 1733 : texte IX). Il a donc émis des réserves sur le
génie de Boileau (*Lettres philosophiques* : texte X). Il n'en

continuera pas moins à l'aimer (texte VIII), et disons qu'après 1750, ce ne fut pas sans quelque mérite. Entre-temps, en effet, les ennemis des philosophes s'étaient chargés de faire parler les morts. Palissot, « Clément l'Inclément », Fréron se servaient de Boileau royaliste pour l'imaginer censeur royal et inquisiteur moral. De même Sabatier de Castres (texte XV). Ils prenaient bruyamment la défense du genre satirique, et dénonçaient, par des allusions transparentes, « quelques-uns de ceux qui s'appellent gens de lettres et qui en sont les plus dangereux ennemis, qui proscrivent la satire, et qui font des libelles » (Palissot, 1764). Et d'Alembert constatait que Boileau le satirique était devenu « le père d'une vilaine famille » de rimailleurs qui s'employaient à défendre l'ordre et la religion.

Devant ces conjurations toutes de circonstance, et malgré les prises de position des Encyclopédistes qu'encombrait ce Boileau de leurs adversaires, et qui s'en seraient volontiers débarrassés, Voltaire eut le mérite de reconsidérer dans son ensemble le personnage de Boileau satirique. Sensible à ses « rimes sincères », au « sel de [ses] vers », il compose son importante *Épitre à Boileau* (1769) sur un ton à la fois sereinement détaché et pleinement concerné, le ton qui convient à un testament. Le thème du fils d'Horace s'y trouve naturellement repris :

[Boileau]
Oracle du goût dans cet art difficile,
Où s'égayait Horace, où travaillait Virgile.

D'autant plus que, dans le cours de la pièce, s'exercera la verve de Voltaire lui-même : son siècle de fer, insultant pour la poésie, et pourri par la cupidité et par le fanatisme, s'y trouve âprement fustigé (texte XIV). La satire y est hautement présentée comme une carrière ouverte à tout écrivain exigeant pour soi-même. Sans doute, aux yeux de Voltaire, vaut-il mieux que cette discipline personnelle tourne, comme chez lui-même, à la bienfaisance. « *Je fais le bien que j'aime, et voilà ma satire* » : c'est un rappel, point trop discret, de l'emploi d'une Muse qui consacre sa voix « à chanter la vertu ». Sans doute, comme Pope avant lui, se laisse-t-il troubler par cette constatation que, quoique satirique, Boileau pouvait jouir des faveurs

du pouvoir. Observation d'autant plus gênante qu'elle fournissait leur tremplin aux méchants petits antivoltairiens.

Mais, justement, son siècle, pense Vol-
taire, ne saurait s'abriter derrière le siècle des Grands. Sous
Louis XIV, avant la décadence contemporaine, les turpitudes
n'étaient pas ce qu'elles sont devenues, les Muses prospéraient,
« au pied du trône assises ». Nul n'a le droit, au dix-huitième
siècle, d'évoquer un état de fait dont rien, dans le contexte
des mœurs nouvelles, n'autorise à se réclamer : pour faire
briller les Lumières, un écrivain ne saurait être que combattant.
Mais il serait un peu vain de transporter nos exigences dans
une époque révolue, et de sommer les talents d'autrefois de
cultiver nos vertus. Dans cette *Épître à Boileau,* il est permis
d'apercevoir la nostalgie d'un règne où les princes savaient
reconnaître les meilleurs esprits. Mais il n'est pas moins important d'y rencontrer un Voltaire étalant sa franchise, et se
sachant par là tout proche de Boileau :

Tandis que j'ai vécu, l'on m'a vu hautement
Aux badauds effarés dire mon sentiment.

Le seigneur de Ferney peut à bon droit se targuer d'un goût
plus éclairé et de fréquentations plus libertines que le vieillard
d'Auteuil. Et pourtant, il veut bien admettre qu'en dénonçant
tant de valeurs usurpées, Despréaux lui a ouvert la voie, et
que, partant d'un cœur droit, sa satire littéraire n'est pas l'an-
cêtre tout à fait indigne de la satire philosophique.

*   *   *

D'une pareille finesse, apparemment peu
commune lorsque les hommes des Lumières se penchent sur
Boileau, les réflexions que lui consacre Vauvenargues. Dans
un moment d'abandon, ce dernier déclare « aimer Boileau ».
Et de quoi ? « D'avoir dit que Pascal était également au-dessus
des Anciens et des Modernes. » Favorable dès le départ, le
regard de Vauvenargues s'adoucira d'autant plus qu'autour de
lui, Boileau se trouve inélégamment contesté. Dans ses *Réflexions critiques sur quelques poètes* (1746), il n'accepte ni
qu'on le réduise aux dimensions d'un versificateur ni qu'on lui
refuse tout génie, sous le prétexte d'un manque de nouveauté

dans ses matières et dans son plan (texte XI). Cette affection et cette faveur n'ont pourtant pas amené Vauvenargues à faire de Boileau essentiellement un satirique. Bien au contraire, il se trouvait un peu obsédé par les significations équivoques du terme de satire dans la jungle littéraire de son temps, et, voulant arracher son cher poète aux camps rivaux qui se le disputaient, il fut l'un des premiers à tracer de Boileau un portrait un peu intemporel. Et, comme il n'était pas question de nier que Boileau eût écrit des *Satires,* du moins le blanchirait-on de toute méchanceté satirique : d'où le Despréaux fictif du *Dialogue* avec Alexandre, qui semble renoncer de lui-même à deux grands traits exigés d'une satire percutante : la bonne conscience du satirique et l'idéal d'une vertu sans compromis.

Pour compenser ces amoindrissements et fonder ses admirations spontanées sur un terrain solide, Vauvenargues explique autrement ce qui, chez Boileau, ne lui échappe pas : sa vigueur. Il identifie les mérites vivifiants de son auteur avec un principe qui les fonde : la raison. Sans doute pourrait-on craindre que cette analyse n'attiédisse quelque peu la dévotion qu'inspirait le poète. Avec Vauvenargues, c'est le contraire qui se produisit. Il comprenait la raison comme étant à l'opposé d' « une certaine médiocrité de sentiment et de génie », et découvrit, enthousiasmé, que « la raison n'était pas distincte, dans Boileau, du sentiment : c'était son instinct ». Mᵐᵉ Guizot (Pauline de Meulan) connaissait-elle cette phrase, avant d'écrire ces lignes qui séduiront Sainte-Beuve ?

« C'est jusqu'au fond du cœur que Boileau se sentait saisi de la raison et de la vérité. La raison fut son génie ; c'était en lui un organe délicat, prompt, irritable, blessé d'un mauvais sens comme une oreille sensible l'est d'un mauvais son, et se soulevant comme une partie offensée sitôt que quelque chose venait à la choquer [1]. »

C'est bien probable.

Sans abolir les mérites du « Zoïle », de pareilles définitions les concilient avec la considération d'un

1. Cité en note de l'article de Sainte-Beuve, *in Portraits littéraires,* « Bibliothèque de la Pléiade », t. I, p. 667.

principe entre tous universel. Mais Vauvenargues ne dogmatise pas sur le sens du mot « raison », et ne le rattache à aucun courant philosophique, contemporain ou éternel. « S'étant attaché uniquement à peindre la raison [...], il lui suffisait [à Boileau] de la peindre avec vivacité et avec feu, comme il l'a fait » : cette formule s'harmonise avec cette autre, qui reconnaît à Despréaux l' « esprit juste », mais « point élevé ». La raison d'un satirique est bien cette faculté pratique, de portée immédiate, et qui ne prétend nullement s'ériger en règle abstraite. Elle est moins confite dans son rôle magistral que ne se la représentaient, au dix-huitième siècle, des lecteurs moins avisés. Ces vues assez larges, Vauvenargues et Voltaire les devaient à leur conviction que la satire, sans être le tout premier legs de Boileau, constituait une voie d'accès à sa personnalité profonde. L'idée sera reprise par Sainte-Beuve, qui reconnaît la supériorité du satirique, dès lors qu'il s'occupe surtout de littérature. Il admire (1852) le portrait qu'offre la *satire IX* de sa propre verve :

« Il s'y peint tout entier avec plus de développement que jamais, avec un feu qui grave merveilleusement sa figure, et qui fait de lui dans l'avenir le type vivant du critique. »

*   *   *

C'est précisément parce que l'image posthume de Boileau satirique avait atteint, chez les meilleurs, cette cohérente plénitude qu'on s'étonne de voir une époque plus tardive accorder au poète tout ce qu'on voudra de raison, mais aucun talent pour la satire. Lanson ne nie pas que, chez Boileau, le jugement critique ne soit affecté de verve, ni que la polémique ne joue un rôle dans ce que d'autres, beaucoup trop lourdement, appelaient ses principes ou ses règles. Le remarquable chapitre sur « l'influence de Boileau », qui sert de conclusion à la célèbre monographie de 1892, est fort explicite à cet égard, et s'ouvre par une page précise sur les saillies de *l'Art poétique*. Mais le même chapitre offre une vue du dix-huitième siècle que nous qualifierions volontiers de plate. S'il est vrai qu'en général, on y adapta Boileau aux idées et, nous l'avons vu, aux déchirements du temps, il ne paraît guère indiqué d'écrire que « Voltaire, ici comme à tant d'autres égards, représente la moyenne des idées de son temps » (*Boileau*, p. 195). Ni la thèse du progrès continu des Lumières ni l'éducation des collèges ne rendent compte de l'*Épître à Boileau*.

À l'école de Brunetière, le dix-neuvième siècle finissant n'a pas considéré les *Satires* comme un recueil intéressant dans son ensemble. En découpant dans les œuvres du poète, pour les examiner à la loupe, les jolis « morceaux » (Brunetière), les petits « cuadros » (Lanson) qu'elle juge seuls estimables, la critique d'impression se condamnait à tronçonner les *Satires*. Elle ne percevait plus, dans chaque poème, de mouvement d'ensemble ou d'unité d'intention, et elle se persuadait alors qu'effectivement Boileau, brouillé avec les « transitions », ne savait pas composer. Abusé par ce préjugé, Lanson a douté que Boileau se fût connu : il ne portait rien en lui qui lui permît d'être moraliste, d'être orateur, de raisonner et de sentir :

« [Boileau] se crut obligé de s'enfermer dans un genre défini : et n'ayant aucun sentiment naturel qui le tournât vers une partie plutôt qu'une autre de l'éloquence et de la poésie, il se fit satirique, sans indignation et sans malignité : de là la morosité des *Satires*, caractère littéraire qui ne représente pas du tout le naturel de l'homme. » (*Ibid.*, p. 67.)

Si Boileau n'était satirique que par erreur, la « raison » qu'il avait mise en œuvre ne pouvait guère conserver ce caractère dynamique et instinctif que lui attribuaient, au dix-huitième siècle, plusieurs grands critiques. Sur le terrain, que nous abordons maintenant plus directement, de la poésie morale et du sens de la nature, nous constaterons, dans la critique de la fin du dix-neuvième siècle, le même besoin de rompre avec l'image de Boileau transmise par la tradition. Cette rupture a sa valeur : elle s'exerce souvent aux dépens de clichés fatigués. Mais elle n'est pas non plus dénuée d'inconvénients : ses promoteurs ont-ils toujours conscience des interprétations originales et souvent très perspicaces qu'avaient émises les plus éclairés de leurs devanciers ?

VI
Le poète d'une sagesse
MORALE ET NATURE

Dans l'histoire de la réputation de Boileau, il y eut une période plus « morale » que les autres. Ce furent ces années du Consulat et de l'Empire où l'opinion admirait en lui le champion de l'ordre et l'ennemi du vice, le partisan de la vertu et le « législateur de nos mœurs » (Amar, 1810). En 1802 et en 1804, l'Institut remit au concours la question posée vingt ans plus tôt par l'Académie de Nîmes (voir chapitre III). Dans son *Essai sur Boileau-Despréaux* (1804), Portiez de l'Oise, qui prête au maître bienfaisance et philosophie, croit pouvoir expliquer ces traits par le pouvoir de la raison :

« Justice, vérité, raison, ces trois principes de la conduite des philosophes étaient les constants régulateurs de celle de Boileau. *Aimez donc la raison,* répète-t-il sans cesse. »

Le gagnant du concours, L.-S. Auger, remontait à l'origine de ces vertus. Le « philosophe » moral se double d'un philosophe tout court : « Le *vrai* est la source féconde où [Boileau] a puisé tout ce qui le rend admirable à nos yeux. » C'était très consciemment sans doute, reprendre les arguments des journalistes « chrétiens » de la précédente « querelle de Boileau » :

« En un mot, il n'est point *philosophe* dans le sens qu'une certaine classe d'écrivains attache à ce mot ; mais aucun poète ne pense et ne raisonne mieux, n'a des idées plus justes et plus nobles, une logique plus saine et plus vigoureuse ; et sans afficher la philosophie, aucun n'est plus véritablement philosophe. » (*L'Année littéraire,* 15 mai 1787.)

Tel est aussi le point de vue qu'accréditera durablement le *Discours préliminaire* (1809) de Daunou (texte **XIX**).

Voilà donc le Boileau des *Épîtres,* et celui de la plupart des *Satires* en passe de subir la métamorphose qu'entre les mains du siècle bourgeois, d'autres connurent, Molière par exemple. Ce mérite de « respirer partout la plus saine morale » (Wailly, *Mercure de France,* 10 fructidor an X), les dévots et autres adversaires de l'*Encyclopédie* en faisaient déjà grand cas. Voltaire était plus nuancé. Il distinguait soigneusement les « maximes nobles, sages et utiles » de Boileau (*Catalogue des écrivains français,* en appendice au *Siècle de Louis XIV,* 1752) des proverbes du peuple qu'il déplorait de rencontrer également chez lui. Ultérieurement encore, certains libellistes durciront les réserves de Voltaire : Cubières (1788) ira jusqu'à dire que l'exemple de Despréaux rendait les jeunes gens « malins et ingrats ».

Mais c'est le fanatisme contraire qui prévalut : « L'autorité de Boileau est d'un grand poids, soit qu'il s'agisse de poésie ou de vertu » (*Journal encyclopédique,* août 1779). À l'époque du juste milieu, les générations de Jacobins repentis portèrent en triomphe le Boileau moraliste. Alors que Voltaire s'était plaint de trouver les classiques « fort petits en fait de philosophie » (lettre du 12 mai 1766) et qu'il taxait Boileau de « jansénisme ridicule », les prétendus voltairiens de la Restauration n'ont pas suivi leur patron sur ce point. Le jansénisme laïcisé qu'ils croyaient lire dans les *Épîtres* les confirmait, au contraire, dans leur confort intellectuel, et leur paraissait propre, une fois revu par l'Université, à calmer une jeunesse remuante.

Boileau devient ainsi une sorte de père « bon sens », l'apôtre de ce que Sainte-Beuve (1852) appellera le « lieu commun ». L'usage trop ordinaire des maximes de sa sagesse était attesté depuis l'origine. Le Sainte-Beuve de 1829 emprunte à l'*Éloge* de Gros de Boze (1713) l'idée que les traits moraux des *Satires* figuraient dans la conversation la plus courante : on les répétait si souvent qu'ils pourraient même survivre sans le secours de l'imprimé. Lorsqu'à cette familiarité mécanique s'ajoutèrent, chez les bourgeois de la Restauration et les universitaires de la monarchie de Juillet, une intention sociale douteuse, les raffinés se mirent à grimacer. Sainte-Beuve traduit les objections des tempéraments « artistes ». Après Voltaire (*Poème sur la loi naturelle*, 1752), après Fontanes (*Discours préliminaire de la traduction de l'Essai sur l'homme* : texte XVII), il constate que « Boileau est fort inférieur à Horace et à Pope » : « ce n'est qu'un moraliste ordinaire, honnête homme et sensé ».

Immédiatement, d'ailleurs, Sainte-Beuve ajoute que Boileau « se relève par le détail et par les portraits qu'il introduit ». Rectification qui nous fait pénétrer sur un terrain nouveau : le bien que pouvait faire Boileau n'était pas forcément de l'ordre de la morale. Il pouvait aider ses lecteurs à mieux observer, mieux analyser, mieux voir. On allait, longtemps encore, le louer comme le poète du vrai. Mais, au lieu de la vérité qu'il prêchait, on allait s'attacher à la vérité qu'il décrivait. Les formules moralisantes du scolastique Auger cèdent progressivement la place à des développements fondés sur l'idée de nature. Ces appréciations, vers 1825, ne sont pas encore chargées de métaphysique. Elles s'en enrichiront plus tard, pour produire, à l'époque du naturalisme, ces synthèses dont quelques formules de Lanson nous ont déjà donné l'avant-goût ; on y verra triompher l'image d'un Boileau dont l' « art » rejoindra la « doctrine ».

Dès 1824, les écrivains de *la Muse française* se déclarent partisans de la « vérité, âme des lettres ». Ils affirmaient revenir au vrai Boileau en dénonçant comme des imposteurs ses « légataires » moralisants et académiques (texte XX). Ce type d'attitude va entraîner, chez les meilleurs lecteurs de Boileau, un regain d'intérêt pour les aspects pittoresques de son talent. Pittoresque des scènes et pittoresque du vers, les deux choses ne sont pas nécessairement distinguées et se nourrissent l'une l'autre. C'est ce que l'on trouve sous la plume de Nisard (*Histoire de la littérature française,* 1844) ou dans l'article précité de Sainte-Beuve. Ici, la préoccupation des « détails », dont on se rappelle qu'elle servait — lorsque les romantiques pensaient au législateur — à condamner Boileau, est, au contraire, portée à son crédit. Ainsi s'explique en partie la patience du jeune Hugo : il n'est jamais tout à fait à son aise dans la dénonciation d'un prédécesseur dont il apprécie la palette. Et plus tard, jusque dans sa pleine gloire, ses visiteurs auront, assez souvent, la surprise de l'entendre défendre ce Boileau-là. Ce même Boileau persiste dans la mémoire de Musset, qui, comme journaliste de bonne compagnie, orne ses articles de vers des *Satires* choisis parmi les plus évocateurs.

Ainsi s'explique la remarque de Sainte-Beuve, qui, traçant le premier un net parallèle entre un poème de Boileau et des œuvres caractéristiques du dix-neuvième siècle, rapproche d'*Eugénie Grandet* et des tableaux de Delacroix le portrait de la « Lésine », et recommande la *satire X* aux « plus ardents admirateurs de l'école pittoresque moderne ». C'est sans doute aussi dans cette optique qu'il faut comprendre le mot brutal d'Alcide Dusolier, traitant Baudelaire de « Boileau hystérique » (*le Nain jaune,* 27 juin 1864).

* * *

Comme dans le reste de son œuvre, Flaubert, dans ce qu'il dit de Boileau, se montre à la fois hyperromantique et passionné de perfection formelle. Les réflexions, dont ses lettres de 1852-1853 nous ont conservé la trace, témoignent d'un embarras initial et d'un étonnement croissant devant une sympathie qui, n'étant pas préméditée, le surprend d'abord lui-même. Le « vieux croûton », le « vieil exemple », le « gredin » dont Flaubert reprenait la lecture, c'était son Boileau du collège, le classique des caricatures, le régent « étroit » qui prend la pose d'un « Apollon ». Mais il devait constater maintenant, nanti de son expérience d'écrivain, que Boileau ne s'était pas contenté de remuer les apparences, et qu'il touchait à quelque chose de profondément vrai. D'où ces images de clarté et de solidité que Flaubert emploie pour le caractériser : « une petite rivière, étroite, peu profonde, mais admirablement limpide et bien encaissée », — ou encore : « il était solide de racine et bien piété, droit et campé ».

Il faut donc arracher aux « pédants d'encre pâle » ce « maître homme » et ce « grand écrivain ». Il ne convient certes pas de lui reconnaître trop généreusement la qualité de « poète » (entendons : de poète de poésie personnelle). Mais, s'il est « l'un des moins poètes des poètes », Boileau n'est pas simplement un bon artisan du vers :

« Ce que j'admire dans Boileau, c'est ce que j'admire dans Hugo, et où l'un a été bon, l'autre est excellent. Il n'y a qu'*un Beau*. »

Voilà le grand mot lâché. Il n'entraîne aucun retour au didactisme de doctrines périmées. Il signale que l'écrivain est habité par une exigence, qui prend elle-même différentes formes. Comme les admirateurs qu'avait, au dix-huitième siècle, l'auteur des *Satires,* Flaubert croit que Boileau tire une partie de sa verve de sa capacité d'indignation (lettre à George Sand, 5 juillet 1868) : il voit en lui son précurseur dans le bon combat contre la « bêtise ». Mais c'est surtout sur un autre plan qu'il décèle sa vertu d'exigence : le plan du détail raffiné, qui comporte la reproduction soigneuse de la nature et le goût de la réalité. D'où ces paroles pleines de sens :

« [Boileau] a suivi sa ligne jusqu'au bout et donné à son sentiment si restreint du Beau toute la perfection plastique qu'il comportait. »

Sans le non-conformisme de Flaubert, ce Boileau de la « perfection plastique » risquait de tomber dans un Boileau de chevalet, truculent certes (et l'on aurait invoqué *le Lutrin* aussi bien que la *satire III*), mais étroitement limité aux scènes de la vie quotidienne et aux types parisiens, aux petits *cuadros* de Lanson. Chez Flaubert et chez les « artistes » de son temps, le Boileau peintre de genre et réaliste n'a, cependant, rien de bourgeois. Mais l'interprétation par le tempérament bourgeois, par le milieu citadin et terre à terre, qui affleurait déjà chez Nisard et chez Sainte-Beuve, restait sous-jacente. Elle aboutit, dans le dernier tiers du dix-neuvième siècle, à l'image de Boileau la plus nouvelle et la mieux gravée

qu'on eût vue depuis les années immédiatement postérieures
à sa mort.

* * *

En étudiant Boileau satirique, nous avons
mesuré la gêne de Lanson devant ce caractère de son modèle.
Autour de lui, dans la critique universitaire ou chez les maîtres
aux convictions positivistes, on connaissait la position de Flaubert sur Boileau et sur la force expressive de son exigence poétique. Mais on avait trop de prétention à l'esprit de synthèse
pour faire reposer sur ce qui, après tout, n'apparaissait que
comme un détail un portrait d'ensemble du poète. Plus que
le culte du beau, c'est le pittoresque bourgeois qui frappa les
principaux spécialistes de l'époque. Ils acceptèrent cette lecture
de Boileau, tout en l'enrichissant dans différentes directions.
On peut relever dans leurs écrits la trace du scientisme et du
nationalisme d'avant et d'après 1870. Plus vigoureusement
encore, le renouveau des études de philosophie dans l'Université restaurée nourrissait des considérations inédites sur le classicisme intellectuel, et, par contre-coup, entraînait Boileau sur
des sommets métaphysiques qui ne lui avaient guère été, jusque-
là, familiers. Ce sont ces différentes directions que nous allons
suivre maintenant.

Pour Brunetière, et même pour Lanson,
les considérations tainiennes sur la race, le milieu et le moment
gardaient un prestige considérable :

« Ce que Boileau représente avant tout dans la critique et
dans la littérature du dix-septième siècle, ce qu'il y représente,
et à tous égards, d'une manière éminente, c'est l'avènement de
l'esprit bourgeois. » (*L'Évolution de la critique,* 1889.)

La famille, l'hérédité de Boileau, les goûts originels qu'il a
pu leur devoir prennent ici bien plus d'importance que sous
la plume de Sainte-Beuve. Le Boileau de Brunetière (texte
XXVI) incarne le « bourgeois de Paris » avec son « sang » et
son « humeur » : « le ferme et franc bon sens, la gaieté robuste,
la verve railleuse et sarcastique, avec une pointe même de li-
cence », si bien que « sa condition originelle a passé tout entière
dans son œuvre » (*Notice* de l'édition de Boileau). N'allons pas

croire que l'insistance mise sur l'appartenance de l'écrivain à
son époque ait pour effet de l'éloigner du dix-neuvième siècle.
Bien au contraire, il suffit à Brunetière de quelques postulats
historiques pour prononcer que ce défenseur de l'ordre repro-
duisait tous les traits de l' « esprit français » :

« [Boileau] a paru dans le temps précis qu'on l'attendait, ni
trop tôt, ni trop tard, dans le temps de la perfection de la
langue et de la maturité du génie de la nation »,

ce qui, précise-t-il, signifie « le temps de sa plus grande indépendance à l'égard des littératures étrangères ». Maintenant
encore, affirme Brunetière, Boileau demeure le prototype de
notre race, et nous renvoie « une fidèle image de nous-mêmes ».
Dans ses qualités et dans ses défauts, se retrouvent tous les
éléments de l' « esprit français, bourgeois, et classique ».

La même inspiration, quoique un peu
plus discrète, se fait sentir chez Gustave Lanson. Le Lanson
dont il est question, celui des années 1892-1894, n'a pas encore sa grande réputation d'érudit. Loin de symboliser l' « histoire littéraire » ou de personnifier les excès du « lansonisme »,
il attire à lui, par la solidité de son jugement et la vigueur de
son style, un très large public. Comprenons qu'à ce public,
il rende quelquefois ce qu'il lui a emprunté. Sa présentation
de Boileau se pare donc d'une certaine élégance, et, dans les
formules employées, d'une touche de modernisme. Parmi les
sourires qu'adresse à son auditoire le grave universitaire, il
faut compter ses développements sur la « poésie réaliste » de
Boileau. Se fondant, après Brunetière, sur les nécessités d'époque et de classe que nous savons, Lanson insiste plus vivement
sur les qualités de l'observateur. Rapproché — nous l'avons
vu en parlant de la satire — de « certains petits Hollandais »,
Boileau le fait penser à un F. Coppée qui ne serait pas senti-
mental. Boileau est un observateur qui placerait son point
d'honneur dans le sérieux de l'observation et dans l'intégralité
de l'expression :

« On n'accusera pas Boileau d'affadir la nature. Ce prétendu
père de la poésie noble ne cherche pas les périphrases ni les
mots élégants. Même il ne recule pas devant la conséquence
extrême où semble devoir toujours descendre l'art réaliste :

l'expression de la réalité vulgairement hideuse ou répugnante. »
(*Boileau,* p. 61-62.)

Nous sommes moins éloignés qu'on ne
pourrait le croire de considérations morales. Ce Boileau-là
comporte, en effet, quelque chose d'exemplaire : il se consacre
avec un dévouement absolu à son art un peu étroit ; il est la
probité même. Un regard sans complaisance dirige la main
qui copie sans faiblesse. Il convenait ainsi, chez les notables de
la Troisième République, de célébrer les mérites de l'artisanat
et de répandre le culte du « métier ». Brunetière allait plus
loin dans la même voie : son Boileau se distinguait par son
souci, tout bourgeois, de respectabilité :

« Il est bourgeois, vous dis-je ; et le sentiment de la tenue, de
la respectabilité, du « comme il faut », fait partie dès ces
temps-là d'une âme vraiment bourgeoise. Boileau, comme tous
les bourgeois, a besoin de considération. »

Par de pareilles affirmations — chose curieuse — Brunetière
et ses contemporains ne commentaient pas seulement la poésie
pittoresque de Boileau. Ils croyaient accommoder leurs remarques à ce qu'ils appelaient par ailleurs sa « doctrine ». Les
phrases que nous venons de citer sont tirées d'un passage de
la *Notice* tout occupé à définir l'idée de nature, son humanité,
sa valeur, ses limites.

De l'idée de « nature » cette école de
pensée a fait un large usage critique. S'agissant de Boileau,
cette notion a rendu à ces auteurs un précieux service ; un
poète qu'ils traitaient un peu trop par l'extérieur et la super-
ficie retrouvait par là une dimension théorique. Mais cette
dimension théorique n'a pas grand-chose à voir avec celle
qu'un siècle de commentaires avait déjà prêtée à Boileau :
nous n'avons donc pas rencontré Brunetière et Lanson, en
étudiant la figure du « régent du Parnasse ». Différents en cela,
même de Sainte-Beuve, ces nouveaux critiques voient en
Boileau moins le porteur d'une doctrine pour les autres que
le passionné d'une doctrine en soi. Ils ont, d'ailleurs, perdu
la naïveté des « pseudo-classiques » du Premier Empire. Ils
ont conservé le souci bourgeois de la morale, mais ils ont
cessé de l'exprimer par la recherche de règles de conduite. Ils

ont donc foi dans les vertus de l'universel, et ils généralisent à l'extrême les avis où des générations de rhétoriciens s'étaient contentés de voir des préceptes. « Théorie simple et large, dit Lanson, et bien éloignée d'être cette réglementation tyrannique que supposaient les romantiques » (*Boileau,* p. 111). Pour comprendre Boileau, nos critiques ont besoin de le trouver correct et raisonnable et de vanter son souci de l'ordre. « Il avait l'esprit très philosophique » (Lanson). Seule une philosophie de la nature pouvait parvenir à accorder ces graves intuitions avec la peinture un peu légère du poète descriptif qu'on offrait de lui presque concurremment.

Brunetière et Lanson, virtuoses de l'emploi des mots « classicisme » et « naturalisme » (textes XXVI et XXVII), et précurseurs directs de R. Bray et de D. Mornet (textes XXIX à XXXI), ont en commun leur analyse de l'état de la littérature française en 1660 : ils la voient entachée d'excès. Boileau représente, en face de cela, la réaction du bon sens et de la simple nature, qui s'exprime par la vérité. On précise qu'il s'agit d'une nature choisie, qu'elle écarte les traits brutaux, le bizarre et l'accidentel, pour ne retenir que ce qui est à la fois général et humain. La vraisemblance et la bienséance en sont les critères permanents, tandis qu'elle s'appuie sur le culte de la raison et sur l'imitation mesurée des anciens. Bel édifice théorique, et qui n'a pas cessé, même maintenant, de peser sur l'image posthume de Boileau. Mais cette architecture doit s'expliquer d'abord par le goût de ses auteurs pour les idées. Les idées du passé, et ils insistent alors, plus que ne l'avaient jamais fait des professeurs de littérature, sur le cartésianisme de l'écrivain. Les idées, aussi, de leurs contemporains, qu'ils ne flattent pas sans une certaine coquetterie. Brunetière s'abrite derrière le peintre Testelin pour soutenir que, dans la langue du dix-septième siècle, le mot « naturalisme » s'employait « dans le sens où nous le prenons encore aujourd'hui ». Quant à Lanson (*Boileau,* p. 99-101), il est tout heureux de pouvoir citer « M. Zola » qui a si bien compris les idées de Boileau sur les écarts de l'imagination, et si bien traduit le vers fameux :

Mais la nature est vraie, et d'abord on la sent.

Gardons-nous, cependant, de toute exagération. Nos deux professeurs ne sont pas des métaphysiciens : ils ont pu mesurer, dans un ouvrage, qui venait de paraître, de E. Krantz (*Essai sur l'esthétique de Descartes étudiée dans les rapports de la doctrine cartésienne avec la littérature classique française au dix-septième siècle,* 1882), tous les dangers de l'esprit de système. Lanson dit même (p. 95) qu'il a forcé les traits de son esquisse pour réagir contre l'image (apparemment vivace, et redoutable encore) d'un législateur « dont on accuse le plus souvent l'étroitesse ; et qu'on fait presque consister dans l'horreur du naturel ». Et puis, n'imaginons pas Brunetière et Lanson en co-auteurs du même tableau. Le Boileau du premier est plus artificiel et abstrait que celui du second. Lanson, qui a lu les œuvres dont il parle, et qui en apprécie la réussite verbale, les serre de plus près. Ce qui lui épargne, en partie, d'être la dupe du maniement du vocabulaire critique : nous le trouvons très conscient de l'évolution du lexique et des pièges des mots vieillis. C'est le point sur lequel Lanson est le plus proche de commentateurs tout à fait récents.

* * *

Visage multiforme que celui du « sage » Boileau. Une même génération, parfois un même lecteur hésite entre le bilieux satirique et le prêtre de la raison. Le maître de morale pratique finit en esthéticien consommé. L'important est de noter que, chez les meilleurs connaisseurs, on ne verra jamais les annexions idéologiques l'emporter complètement. À travers les formes et les genres si divers qu'il a pratiqués, et qu'à chaque époque des mentalités différentes se représentaient autrement, on n'a cessé de s'interroger sur ce que Boileau avait de « poétique ».

VII

Un poète de métier
UN PROSAÏSME
ÉTOUFFANT

Poète de métier : cela allait de soi pour le dix-huitième siècle. Il n'y eut donc que peu de débats sur ce point, dans l'histoire posthume de Boileau. Même pour ces âmes sensibles que nous allons rencontrer, un poète ne pouvait qu'être un solide artisan de ses œuvres. Sans doute traite-t-on Boileau de versificateur : ce n'est pas pour lui reprocher son application, c'est seulement, par un raffinement de goût, pour signifier que cette application n'est pas assez discrète, qu'elle se sent trop, et qu'elle offusque la « vraie » poésie.

Il faudra qu'ait fleuri le mythe de l'inspiration pure pour qu'on épie, chez un poète, les traces d'une mentalité d'artisan, et qu'on les lui reproche, cette fois, non comme une maladresse, mais comme une trahison. Inspiration est bien plus que génie. Du génie nous avons pu parler précédemment (chapitre IV) comme d'une notion d'esthétique qui s'apprécierait assez sereinement, et pouvait donc se lier à la fortune du poète didactique. Inspiration est dévotion, religion, certitude que s'éprouvent des extases supérieures, et il est bien évident que, dans notre histoire littéraire, cette mystique ne touche explicitement qu'assez peu de personnes. Il faut, cependant, lui reconnaître son importance, parce qu'à défaut d'inspirer aux meilleurs de riches idées critiques, cette vue de la « poésie » est longtemps restée un lieu commun ; elle a commandé la perspective qu'ont prise sur Boileau deux ou trois générations de lecteurs philistins et bourgeois, générations nombreuses et attachées aux idées reçues.

* * *

Pour lancer son article de 1829 (texte XXI), Sainte-Beuve émettait le reproche d'insensibilité. Et même si son préambule pouvait se croire moqueur envers la mode, au dix-huitième siècle, du « sentiment », l'article lui-même hérite, plus qu'il ne le voudrait, d'une tradition bien attestée. Sainte-Beuve se veut « tout littéraire », alors que ses prédécesseurs n'auraient été que « mondains », mais il reste à peu près sur le même terrain qu'eux.

En face des *Nuits* de Young, dont Letourneur (1769) goûtait le lyrisme, Clément réagissait avec hostilité ; par contraste, il louait Boileau d'avoir « rapporté du commerce des anciens, ce secret rare parmi les modernes, de faire oublier le poète ». Mais l'opinion générale était celle, toute contraire, de Marmontel (texte XIII) qui dénonçait l'insensible Boileau. Sébastien Mercier s'en prenait à sa mesquinerie ; il le voyait incapable d'apercevoir l'art « en grand et dans son essor », tout préoccupé, dans *l'Art poétique,* par « l'accessoire qui arrête sa vue attentive ». On glissait donc facilement de la sécheresse au mauvais tempérament, du mauvais tempérament au manque de génie, du manque de génie à l'absence de sensibilité. Le même Marmontel affirmait que Boileau avait « peu imaginé », avant de l'accuser de « sécheresse et de stérilité, d'idées superficielles, de vues courtes et de petits desseins » (*Éléments de littérature,* art. « Épitre »).

On ne veut voir en lui qu'un « versificateur (Diderot, art. « Encyclopédie »), et encore est-ce un versificateur chez qui d'Alembert « sent le travail ». Voltaire a beau répondre à Diderot :

« S'il n'était qu'un versificateur, il serait à peine connu, il ne serait pas de ce petit nombre des grands hommes qui feront passer le siècle de Louis XIV à la postérité. Ses dernières *Satires,* ses belles *Épîtres,* et surtout son *Art poétique,* sont des chefs-d'œuvre de raison autant que de poésie. » (*Dictionnaire philosophique,* art. « Art poétique »),

il n'en a pas moins dû lâcher, comme une concession regrettable, que Boileau fut « incapable peut-être du sublime qui élève l'âme et du sentiment qui l'attendrit » (Discours de réception à l'Académie française). Idée reprise par Cubières, lors de la « Querelle » : la Muse de Despréaux, croit-il,

> [...] *va chercher ses atours*
> *Dans les cahiers de la Sorbonne.*
> *Que dis-je ? aux sublimes écarts*
> *Jamais elle ne s'abandonne,*
> *Jamais elle ne sent, toujours elle raisonne*

L'aversion de Mercier n'attendait qu'une occasion de croître (texte XVIII) : sa découverte de Shakespeare la lui fournit. Boileau n'est qu'un « pédant », un de ces « prétendus législateurs qui n'ont jamais touché à l'art », et qu'on ne saurait comparer au « poète immortel ». L'Anglais avait l'habitude de « modeler en grand », et faisait ainsi « jaillir tous les rayons » de la vérité. À l'inverse, la petitesse de Boileau et de tous les « écrivains didactiques » bride l'imagination et détruit les talents (*De la littérature et des littérateurs,* 1778). C'était, à peine différente, la position d'un autre ami de Shakespeare, son adaptateur J.-F. Ducis. Les préjugés du « sévère et redoutable Despréaux » percent, à l'en croire, dans ses mises en garde contre les pièges du genre épique : soyons moins timides, faisons confiance au génie natif des Français (Discours de réception à l'Académie française, 1779). Plus le siècle s'avance, et plus il s'inquiète de trouver chez Boileau trop grêle la faculté de s'émouvoir.

À l'étranger aussi, c'est ce reproche qu'on ressassera. Certaines des premières caricatures de l'esprit français comme sec et précis, régulier et limité, se sont formées à l'occasion d'une réaction contre Boileau, une fois de plus confondu avec la civilisation classique et française. Les Anglais, qui n'ignoraient pas tout du sublime (voir chapitre IV), sont moins tombés dans ce travers. Mais il s'en trouva pour stigmatiser le manque d'inspiration. Un poème de Keats (*Sleep and Poetry*, 1820) contient une attaque virulente contre le Boileau-symbole et les écrivains qui brandissent sa bannière : aveugles et sourds aux merveilles du monde, emmaillotés de règles, embourbés dans les préceptes. Dès 1778, Percival Stockdale dressait un parallèle entre Pope, le Pégase des Anglais, et Boileau, qu'il comparait à une bête de trait poussive et ordinaire ; il mettait ainsi fin à la longue association des deux poètes dans la gloire.

Quant aux Italiens, les jugements rapides de Boileau sur l'Arioste et sur le Tasse les avaient, de longue date, indisposés. Ils prirent fait et cause pour certains souffre-douleur de l'étriqué « régent » : Ronsard, en qui ils reconnaissaient leur Pétrarque, Quinault, champion de l'opéra, leur art préféré. Les critiques florentins et romains se préparaient ainsi aux récriminations les plus « romantiques ». Les plus tranchées sont celles de Cesare Cantù (1804-1885), l'un des plus sévères détracteurs qu'ait jamais rencontré notre poète au souffle trop court (texte **XXIV**).

* * *

Ce souffle trop court, les romantiques français l'ont déploré, mais ils se sont gardés de l'attribuer à un vice de l'homme. Ce n'était pas tant la doctrine qu'ils incriminaient, que l'absence de certains sujets, qu'une vue moins large que la leur du monde et de la vie. Ulric Guttinguer se plaignait que, même autour de lui, ces besoins du cœur fussent encore largement méconnus :

« La Poésie de sentiment est tellement hors des besoins de notre siècle, de nos mœurs, de nos idées, qu'il faut remercier ceux qui ne la considèrent pas comme une niaiserie [...] Vous croyez donc toujours à Boileau que vous m'y renvoyez ? Lui qui déshérite notre Poésie de la religion et de notre histoire : lui qui a fait un *Art poétiqu*e pour les Grecs et pour les Romains plutôt que pour les Français ! » (Lettre du 16 novembre 1824.)

On pouvait dire, on allait dire que Boileau manquait de cœur, qu'il obstruait les voies de la vraie poésie. Mais, précisément, comme dans ce texte, on ne le dit pas tout à fait. Les poètes sont, nous l'avons dit (chapitre III), si conscients de l'instrument, des lacunes de la langue, des pièges de la poétique qu'ils ne sont pas essentiellement préoccupés de savoir si Boileau était froid, mais qu'ils lui en veulent, et là vigoureusement, des formules dans lesquelles s'était fixée sa législature. Il nous semble important d'établir qu'à quelques exceptions près, les jeunes Turcs du romantisme n'ont pas articulé le grief d'insensibilité. Grief qu'on peut seulement pressentir dans les lignes de Guttinguer, car son témoignage annonce au moins autant les audaces de la *Préface de Cromwell* et les imprécations de Hugo le mage contre les grammairiens :

Au panier les Bouhours, les Batteux, les Brossette !
À la pensée humaine ils ont mis les poucettes.

Ce rêve de voir « *l'Art poétique* pris au collet dans la rue », le jeune Sainte-Beuve était sans doute capable de le nourrir. Mais il ne l'était guère de l'exprimer. L'iconoclastie n'étant pas son fort, il usait plutôt de manières insinuantes, apparemment objectives. En examinant, chez Boileau, « les qualités du poète », il s'est convaincu de son prosaïsme ; et, ce prosaïsme, il a voulu l'établir par l'appareil de l'histoire littéraire. Son Boileau de 1829 n'a fait que consacrer une évolution déplorable : après l'oubli du Moyen Âge, après l' « invasion grecque et romaine » de la Renaissance (l'écho donné ici à Guttinguer est significatif), il représente, avec Malherbe, la poésie artificielle et superficielle, « belle encore au déclin de la société dont elle décorait la ruine ». Ce schéma simpliste, cependant, ne pouvait pas satisfaire la tête, alors métaphysique, de Sainte-Beuve. *Le Génie du christianisme* et *De l'Allemagne* sont passés par là.

Mme de Staël incriminait « ces préceptes de raison et de sagesse, qui ont introduit dans la littérature une sorte de pédanterie très nuisible au sublime élan des arts ». Mais elle liait expressément ce résultat néfaste de l'action législatrice de Boileau à « une disposition très défavorable à la poésie ». Des enthousiasmes de Chateaubriand, on retrouve aussi l'effet chez Sainte-Beuve, qui gémit de l'absence, chez Boileau, de « sentiment naïf et vrai de la nature et de la campagne ». Il y a plus grave : bien dépourvu de l' « âme d'un Milton », Boileau avait, comme son époque, perdu la poésie du sacré. Il « ne voyait guère dans une cathédrale que de gras chanoines et un lutrin ». Sainte-Beuve renchérit même sur ses devanciers (texte XXI) : relevant de Boileau qu'il était — comme ses contemporains en différents arts — « emprisonné » dans sa « technique » et dans son « métier », il attribue hardiment cette faiblesse à une sorte de logique bornée propre à l'époque de Colbert et de Vauban. Quelle différence entre ce « siècle épisodique », ce « règne en quelque sorte accidentel, et qui ne plongeait profondément ni dans le passé ni dans l'avenir », et les glorieuses époques de synthèse, celles où les géants de la pensée peuvent s'entretenir, celle où « Chateaubriand comprend Bonaparte » !

* * *

La « poésie de sentiment » que réclamait Guttinguer allait devenir nécessaire, après 1840, à une multitude de lecteurs. Découragée d'avance, la grande majorité ne s'avisait même pas d'aller relire Boileau, et détournait son attention d'une œuvre définitivement considérée comme scolaire. Les Goncourt, dans leur *Journal* (1857, 1863), l'assimilent à Béranger et à Ponsard. Dans ces conditions, les témoignages d'une lecture libre se font rares, et nous manquons de commentaires de premier jet. Les *Cahiers de jeunesse* de Renan, complétés de notes manuscrites recueillies par M. Guisan (texte XXIII), nous permettent heureusement de combler en partie cette lacune.

Le jeune rédacteur n'ignore pas qui il est : « Je suis né romantique. Non, jamais je ne me contenterai d'un système intellectuel qui s'en tienne à la forme, et ne fasse que charmer par l'harmonie, système tel que Boileau, par exemple, le dessine dans son *Épître [IX]*. Non, il me faut l'âme, quelque chose qui me mette au bord de l'abîme. »

On comprendra qu'avec de pareilles exigences, Renan s'en prenne à la froideur de Boileau. Représentant tout ce que la poésie « classique » a de « petit », il est très inférieur à Lamartine, auquel il est ici directement comparé, à la fois pour ses paysages « froids et sans âme », et pour son esthétique qui réduit la poésie à « un art d'agrément, une affaire de procédés et de machines ». Exceptionnellement, Renan bondit, dans l'*épître VI*, sur « le seul morceau où Boileau soit poète au sens romantique ». Mais, partout ailleurs, éclate une indignation qui, du médiocre théoricien, s'étend à son médiocre public :

« Pauvres pensées ! et il y en a qui se nourrissent de ces misères et y trouvent un suc. Pensées ingénieuses ingénieusement dites. Pauvres gens ! »

Gestes de révolte bien naturels, chez un jeune homme frais émoulu du collège, où ses professeurs l'avaient forcé à admirer Boileau. Renan traduit spontanément les refus de néophytes qui considèrent la poésie comme une chose sérieuse, dans laquelle s'engage tout l'être. La modestie de Boileau à l'égard de ses vers, son humour d'artisan le rendent littéralement furieux :

« Pauvre poète ! Va. Quelle misère ! Prendre le vers pour des riens. Et quel homme, je vous prie. Il consent à consacrer sa vie à des riens. »

Tout cela pour lancer ce regret si typique : « Ah ! s'il y avait mis son idéal ! » Le trait le plus intéressant de cette humeur si vive est qu'elle n'est pas gratuite : Renan réagit à des textes, à des lectures qu'il pratique effectivement. Les *Satires* font souffrir son besoin d'absolu. C'est après avoir lu la huitième (*Sur l'homme*) qu'il épanche sur le papier ces réflexions, cette meurtrissure :

« Quoi ! dans un sujet comme celui-là, pas un cri poétique et triste ! Un de ces paradoxes superficiels et de mauvais goût, qu'on soutient gaîment parce qu'heureusement on n'y croit pas. Si c'était tout de bon, ce serait affreux. »

D'un cœur aussi tendre, n'attendons pas trop d'intérêt pour les questions de pure technique. Pénétrés comme ils le sont de la grandeur intrinsèque de l'activité poétique, ces romantiques de la seconde génération ont oublié pourquoi surtout Boileau gênait leurs aînés immédiats : ils ne sont pas préoccupés en premier lieu de vocabulaire, de langage, de savoir-faire. Qu'on s'attache tant à ce qu'il croit déprécier sous le nom de « moyen » ou de « procédé », c'est, pour Renan, un sujet d'irritation. « Que voulez-vous qu'un homme sorti de la poussière du Palais... », s'écrie-t-il dans le salon des frères Goncourt (1864). Mais on lui coupe la parole : « Sainte-Beuve, Gautier, Saint-Victor [l'ancien secrétaire de Lamartine], s'animant et s'entraînant, chantent le génie de Boileau. » Dans le cas de Renan, ce qui est saisissant, c'est, dans les formules que nous avons citées, que certaines des plus fanatiques ont été tracées en marge d'un *Longin*, de Longin traduit par Boileau. Le jeune romantique a totalement oublié de reconnaître les mérites du traducteur. Ses maîtres lui avaient-ils jamais parlé de l'auteur des *Réflexions* ? Envers les abus d'autorité contre lesquels il se révoltait, Renan était moins libre qu'il ne le croyait.

* * *

De telles réactions perdraient-elles de leur portée, du fait de leur caractère confidentiel et privé ? Elles expriment, au contraire, avec franchise et à l'avance, une vue de Boileau qui est restée diffuse dans les quarante dernières années du dix-neuvième siècle, et qui, de temps en temps, affleurait dans la production critique. La *Notice* de Brunetière, qui pourtant se préoccupait de tout autre chose (voir chapitre VI), devait y sacrifier : le professeur s'applique à déplorer le silence de Boileau sur « tant de grands sujets qui tourmentaient » même les hommes de son temps, et à blâmer son manque « de tempérament, de sensibilité et d'imagination ». Ces regrets, plus ou moins éloquents, finiront par se figer en un lieu commun, obligatoirement répété dans toute représentation d'ensemble de Boileau. On partait battu d'avance. D'où parfois, chez les meilleurs amis du maître, un ton proche de la lassitude. Voyez l'admirable éditeur que fut Charles Boudhors lancer son entreprise (1934) sur cette constatation découragée :

« Parler de Boileau, aujourd'hui, c'est plaider dans un procès où, par extraordinaire, la défense rencontre moins de sympathie que le réquisitoire. » (*Œuvres* citées, t. I, p. XI.)

Mais Boudhors savait aussi qu'on ne redresserait cette réputation qu'en rectifiant l'idée pseudo-romantique de la poésie. C'est à une note discrète de son *Introduction* (p. XIII) qu'il a confié son espoir de voir l'opinion commune rendre toute leur importance aux faits de langue et aux faits de sonorité.

VIII
Un poète de métier
RÉSURRECTION
DU POÈTE

Paradoxalement, ce fut, en France, un effort d'érudition purement historique qui ouvrit la voie à la reconsidération du poète. Les célèbres articles que, de 1890 à 1895, Revillout consacra à détruire « la légende de Boileau » apparaissent, avec le recul du temps, comme le point de départ d'une évolution qui fit, dès ses débuts, la preuve de son utilité (textes XXIX à XXXI) et semble se poursuivre actuellement encore. Comme le remarque, en effet, Boudhors, Revillout faisait bien de contester l'oracle : « Des décombres d'une *Poétique*, c'est tout le « poète » qu'il sauve » (*ibid.,* t. I, p. XVI). Sur la piste ainsi tracée, ne manquent sans doute ni les retours en arrière, ni, parfois, les détours bizarres. Mais la tendance générale, depuis l'aube du vingtième siècle, s'est nettement prononcée dans ce sens. Et c'est dans le cadre d'une histoire de la poésie, par rapport à une réflexion sur l'idée même de poésie que désormais se font et se feront les mises au point sur Boileau, même les plus élémentaires.

Cette remise en cause devait nécessairement se conjuguer avec la faveur de Boileau dans les pays de langue anglaise, qui s'était ralentie au cours du dix-neuvième siècle, mais que le vingtième devait efficacement promouvoir. L'anthologie réunie par G. Spingarn (il publiait à Oxford, mais travaillait à New York) marque, à cet égard, dès 1908, un tournant important. En réexaminant les critiques français du dix-septième siècle, et donc aussi Boileau, cette école s'y est pris d'une manière parfois pointilliste, mais qui présentait, sur les efforts parallèles de R. Bray un peu contraint par l'esprit de système, les avantages de la fraîcheur, de l'empirisme et du contact avec les textes les plus variés. Jusque vers 1950, les universitaires français n'ont peut-être pas tenu un compte suffisant des contributions anglaises et américaines. Un climat nouveau semble s'instaurer, dont profitera l'étude de Boileau.

Les anciennes préventions sont, dans tous les cas, appelées à se dissoudre, du fait des inquiétudes de notre temps devant les problèmes du langage. Plus que les hommes du dix-neuvième siècle, plus même que Lanson (pourtant admirateur de Mallarmé), nos contemporains croient que les qualités poétiques peuvent s'appliquer aux aventures de l'esprit. Les reproches portant sur une insuffisante perception du monde extérieur ne sont plus de saison. Et l'on répudiera, comme entachées de sentimentalisme, les accusations, vraiment trop répétées à l'égard d'un poète comme Boileau, de manque de sympathie.

* * *

Cette conviction de « lire mieux », d'un regard qui n'a pas besoin d'être plus « objectif », mais qui se veut, de toute façon, plus pénétrant, est générale à notre époque, et l'on peut considérer que les scrupules de l'école historienne en étaient déjà la première manifestation. Après Revillout, le grand démystificateur fut J. Demeure, qui s'acharna contre la « Société des Quatre Amis » (voir p. 100) et l'idée même d'une école classique présidée par Boileau. Mais les démons de l'hypercritique peuvent être dangereux, et c'est quelquefois la connaissance directe des textes qui en fait les frais. En nous rendant, plus vives que jamais, *les Premières Satires,* A. Adam n'a pas évité l'inconvénient de replacer Boileau dans une géographie littéraire si minutieuse et si dominée par des auteurs de second rang que le lecteur finit par y oublier quelque peu la vigueur du poète. Le même auteur, cependant, dans l'étude historique (texte XXXIII), ne commet pas cet oubli.

À vrai dire, « l'art de peindre les objets par le son et par l'arrangement des mots » n'est pas une découverte qu'a faite, chez Boileau, le vingtième siècle. La formule se trouve chez Jacques Hardion (*Traité de la poésie,* 1751). Elle possède des équivalents chez Daunou et chez d'autres, avant de parvenir, comme nous l'avons vu, chez les admirateurs du peintre et de ses descriptions. Sainte-Beuve (1852) entend mieux les choses, puisqu'il sait combiner, dans son appréciation, la réussite verbale et les pouvoirs de l'émotion. « Quelle largeur de ton, écrit-il à propos de la fin de l'*épître VII,* et, sans une seule image, par la seule combinaison des syllabes, quelle majesté ! » Mais notre âge a fait succéder à ces impressions d'amateurs la précision des dépouillements, des listes et des statistiques. Dreyfus-Brisac, malgré son hostilité peu fondée, établit ainsi, dès 1901, l'embryon d'un catalogue des rimes et d'un catalogue des épithètes. A. Albalat (1903) relève les corrections de l'*Ode sur la prise de Namur.* Souriau (1893) étudie son vers, avant M. Durand, et, mieux, J. Orr. Dans cet ordre d'idées, les travaux sont appelés à se développer jusqu'à une connaissance systématique de la totalité des moyens d'expression. Ce que Sainte-Beuve pressentait, lorsqu'il comparaît Boileau à Delille (1837), c'était que le le premier avait un « verbe de poète ».

Que, chez Boileau, la langue et le vers vibrent à l'unisson d'une pensée créatrice, qu'ils soient cette pensée même, c'est ce que les commentateurs vont percevoir de plus en plus clairement. La preuve en est fournie, en 1911, par un curieux groupe de « jeunes ». Ce sont les rédacteurs des *Guêpes,* qui saluent, par une livraison spéciale de leur éphémère revue, le bicentenaire de la mort du poète. Généralement marqués par l'enseignement de Charles Maurras, et bons témoins de la réaction classicisante sensible vers 1910, ces nouveaux venus admirent Boileau par principe, mais non sans raison. Analysant l' « amour malheureux », que Despréaux porta « toute sa vie » à la poésie lyrique, Paul Bourdin, en particulier, aboutit à l'idée d'une fusion entre l'expression et la pensée. André Mary, de son côté, constate qu'un bon poète est celui qui dispose d'un exceptionnel pouvoir d'organisation, qui sait mêler le sublime et les grâces. Plus importante, au reste, que ces contributions confidentielles, l' « enquête » du début du numéro. On y lit des textes, que leurs auteurs réimprimeront plus tard, de Georges Dumesnil, Paul Claudel, P.-J. Toulet. Le premier s'inscrit en faux contre les présentations « bourgeoises » de Boileau ; il le voit, au contraire, écœuré par la « platitude » de sa classe d'origine, et prend très au sérieux les témoignages sur la largeur de son goût qu'apportent principalement les *Réflexions sur Longin* : « Son imagination remonte aux âges héroïques de l'humanité. » Quant à Claudel, qui loue l' « écrivain *canonique* », il semble se contenter d'abord de l'image du législateur. Il n'en est pas moins impressionné, dès 1911, par la facture d'un vers si achevé qu'il constitue « le moyen d'ôter à la parole la possibilité d'être autre ». Claudel prélude par là à ses notes de 1936, qui, sans renier le Boileau de l'usage pédagogique, font une large part aux idées sur le lyrisme d'un poète qui « croyait à l'inspiration ».

Toujours dans *les Guêpes,* René Quinton vise juste, lorsqu'il s'en prend à ces dénonciateurs de Boileau, qui le traitent d'anti-poète. Un poète, remarque-t-il, n'est pas quelqu'un qui parle aux étoiles ; c'est un créateur, et Boileau est un créateur de méthode. À partir de cette époque, nombre d'essayistes font revivre un Boileau chez qui s'accordent les qualités créatrices et les qualités critiques. Le thème du « poète critique » prête à ces tentatives une certaine cohérence. Le mot figurait déjà chez Sainte-Beuve (1852), lorsqu'il jugeait l'ensemble de l'*épître VII,* « tour à tour étincelante, échauffante, harmonieuse, attendrissante et fraternelle ». Mais trop d'amateurs l'avaient repris dans le sens où justement Sainte-Beuve l'employait, c'est-à-dire comme le poète qui choisit d'écrire *sur des sujets* de critique (ici : l'œuvre de Racine).

La même formule de « poésie critique » va changer d'emploi, et désigner le critique qui crée (*poétise*) en étant critique, et, sans considération du sujet traité, le poète dont l'art littéraire, en tant que tel, est la passion. C'est ce que Lanson laissait entrevoir (Boileau « n'a de passion sincère que pour les lettres »), et ce que, dans leurs deux monographies de 1942, Daniel Mornet et René Bray ont également aperçu. Et c'est ce dont témoigne l'article si vif, quoique surchargé de digressions, d'Albert Thibaudet (1939). Ce cadet fidèle des fondateurs de la *N.R.F.* est parfois trop brillant, et il n'hésite pas, pour faire un mot, à ressusciter les images les moins opportunes : lorsque, par exemple, il intronise Boileau comme « président de la République des Lettres ». Mais ses pages rapides n'insistent pas seulement, comme le fait, à l'occasion, André Gide, sur le culte, chez Boileau, du mot, du vers isolé. Elles prennent en charge des poèmes entiers, et c'est la forme complète de *l'Art poétique* et du *Lutrin,* de ce dernier surtout, qui inspire cette définition : « le poème d'un critique ».

Commentaires de lettrés, généralement marqués par la tendance à l'esthétisme du Paris de l'entre-deux-guerres. Ils proviennent d'esprit indépendants, peu portés à l'érudition professionnelle. Jean Royère (1929) a voulu lancer, avec son « musicisme », une théorie peut-être un peu fumeuse, et qui n'a pas dépassé, malgré le patronage de Valery Larbaud, un cercle restreint d'initiés. Il n'empêche qu'en faisant de Boileau le « poète de la pensée », en le comparant à La Fontaine et à Baudelaire, en utilisant, pour le comprendre, les catégories d'une rhétorique alors complètement oubliée, Royère l'a utilement rajeuni. Passionné pour l'étude de la rime et des figures, dont il affirme qu'elles rénovent les lieux les plus communs, ce critique peu connu trouve chez notre poète une ample confirmation de ses vues :

« Boileau a compris que l'union de la pensée et du son, comme celle de l'âme et du corps, quoique inexplicable, constitue la vie du vers. »

Fidao-Justiniani, d'une plume également imprudente, n'est pas moins enthousiaste de Boileau. Il remet, pour la première fois en France, l'accent sur le sublime, et donne, dans ses analyses, à la notion de goût, une portée qu'elle n'avait pas (texte XXVIII). Surtout, ses variations sur le sens du mot « raison » retrouvent des suggestions qu'entrevoyaient parfois Vauvenargues et Voltaire : un accent, juste ou faux, mis sur l'individualisme du génie. Au gré de ces pages capricieuses, justice est rendue à bien des textes de Boileau : « Ce goût exclusif pour la force était bien l'âme, le ressort et le véritable génie de ses satires. » S'inscrivant dans cette tendance, mais plus près de nous, Manuel de Diéguez a replacé Boileau dans l'histoire de la découverte du style par la critique littéraire, et reconnu en lui un artiste de la forme (texte XXXV).

* * *

Les écrivains que nous venons de passer en revue témoignent de la mobilité de l'opinion française, de sa capacité de renouvellement en face du monument Boileau. Mais, intuitifs, primesautiers, ils n'étaient pas fait pour inspirer aux esprits rassis la confiance que réclament les universitaires. Ils ne présentaient pas toute garantie : les uns jonglaient avec l'histoire, sans trop la connaître ; les autres bâtissaient des systèmes, d'autant plus impérieusement qu'ils ignoraient la critique antérieure, ou toute une partie de l'œuvre de Boileau. Pour que la science moderne de la littérature pût embrasser Boileau, et que, maniés à son propos, ses postulats ne parussent point trop arbitraires, il fallait rencontrer des « dix-septiémistes » informés et sereins, et suffisamment avisés pour tenir compte, malgré les modes intellectuelles, des faits établis. La conjonction des curiosités historique et critique s'est produite, durant ces vingt dernières années, dans les universités américaines. Il ne saurait s'agir ici d'expliquer ce phénomène ; il nous suffira d'en exposer les conséquences pour la fortune de Boileau.

La déchéance du « législateur du Parnasse », l'insuffisance du « peintre réaliste » : si elle s'était contentée d'enregistrer ces évidences, la critique américaine ne mériterait qu'une brève mention. Et sans doute lui arrive-t-il parfois de ranimer ces fantômes, pour en triompher d'autant plus aisément. Mais les travaux dignes de considération s'interdisent ces moyens médiocres, et des livres et articles de E.B.O. Borgerhoff, J. Brody, N. Edelman, H. Davidson, ressort maintenant le portrait d'un Boileau riche et solide. Ces auteurs essaient, d'abord, de ne négliger aucune partie de son œuvre, et rendent l'attention voulue à celles que la routine oubliait. C'est l'intention première de l'ouvrage de Brody sur *Boileau and Longinus* qui revalorise non seulement l'auteur des *Réflexions*, mais surtout le traducteur, c'est-à-dire à la fois le styliste et le critique (texte XXXIV). Même mouvement d'investigation complète lorsqu'on parle du satirique. Borgerhoff (texte XXXII) s'attache à le camper dans son bonheur d'être lui-même, en insistant sur toutes les faces de son talent qui se mettent mutuellement en valeur. L'idée, bien propre à la réflexion littéraire moderne, d'une participation du lecteur à la recréation d'un texte trouve ample matière à s'appliquer ici. C'est précisément parce qu'une lecture plus globale permet de multiplier les points de vue sur une œuvre, en somme si variée, que le Boileau simpliste d'autrefois ne risque pas de ressusciter.

Ce sens de la complexité ne s'étend peut-être pas assez, dans cette école, aux problèmes de la biographie de Boileau : il est vrai que, sur ce point, Boudhors et A. Adam donnent à croire, à tort ou à raison, qu'il ne reste rien à découvrir. Il faut, cependant, retenir la démonstration, inattaquable quoique encore trop ignorée, qu'apporte Brody, pour attribuer à *Nicolas* (et non Gilles) Boileau la traduction de Longin. Quant à la manière dont Davidson et Edelman entreprennent l'étude de *l'Art poétique,* elle traduit ce même souci de lire complètement qu'on notait dans le livre de Brody, lui-même nourri de références à toutes les parties de l'œuvre du poète. Une analyse minutieuse du vocabulaire critique permet de tracer de constants parallèles entre les diverses pages qui témoignent de la passion littéraire de Boileau : des notions comme la « raison », l' « esprit », le « sens » (« bon » et « droit ») s'en trouvent illuminées.

Sans faire preuve d'autant de méthode, les savants de langue anglaise n'en avaient pas moins, entre 1910 et 1940, ouvert la voie à leurs successeurs. Comment mesurer, sur ce terrain, l'influence du poète et critique T.S. Eliot ? Il n'a guère, à notre connaissance, étudié Boileau, mais il est clair que sa dévotion pour le classicisme français, pour les vertus de l'ordre, que son exigence envers tout écrivain et sa méfiance, remarquable chez un homme du Nord, pour toute sensibilité qui s'étale, n'allaient pas desservir, chez les Anglais, la réputation d'un poète assez oublié. Cet arrière-fond aide à comprendre l'intérêt insistant, déjà attesté par Spingarn, pour l' « école du goût ». Cette expression, qu'il a employée vingt ans avant que Bray et Mornet ne fissent du goût un trait dominant de leur figure de Boileau, ne jette sur ce dernier que des lueurs indirectes ; elle pouvait, cependant, contribuer à neutraliser quelques clichés paresseux. En même temps, d'ailleurs, Spingarn renouait avec les admirateurs anglais du sublime (voir chapitre IV). Lui-même et S. Monk ont surtout transmis cette leçon-là aux critiques des États-Unis, ainsi qu'à W.G. Moore, dont les formules sur l'originalité profonde du traducteur de Longin, et l'influence puissante de Boileau sur la littérature européenne sont aussi fermes qu'informées.

Ces divers commentateurs font quelques réserves sur la valeur de l'écrivain. H.T. Mason, plus récemment, cesse d'en faire : il a rencontré en Despréaux un maître créateur, capable de combiner les contraires au service de la simplicité. Comme beaucoup de ses prédécesseurs, il affiche une préférence pour *le Lutrin*. Ce point appelle une explication. D'abord, *le Lutrin*, par son sujet et par son registre (et indépendamment de ses qualités épiques, qui donnent lieu, en notre siècle, aux jugements les plus flottants), offre la matière d'une création verbale particulièrement riche : La Harpe et Daunou le soulignaient déjà nettement, et Thibaudet, après Brunetière et Toulet, en était pleinement convaincu. Mais surtout *le Lutrin* fut l'œuvre la plus imitée par les poètes anglais : toute une veine, après Pope, de parodie ironique pouvait s'en réclamer. Nous ne prétendons pas, pour autant, que les spécialistes de Boileau écrivant en anglais soient toujours des experts de l'histoire littéraire de l'Angleterre. Et cependant, consciemment ou non, ces savants font bénéficier les études consacrées à notre poète de leur connaissance d'un univers artistique où les critères de la beauté sont à la fois suffisamment proches et suffisamment éloignés de ceux du classicisme français pour pouvoir éclairer une œuvre comme celle de Boileau. La chose est nette de la part de l'angliciste qu'était Spingarn : son appréciation se trouve, en fait, consignée en tête d'une anthologie de la critique du dix-septième siècle en Angleterre. Cette tradition se poursuit actuellement : G. Mc-Fadden attribue à l'influence de Boileau sur Dryden une orientation à laquelle nul n'avait songé. C'est par la théorie longinienne de l'imitation, découverte dans le volume de 1674, que Dryden se laissa persuader de reprendre sa carrière de dramaturge, et de se laisser guider par Shakespeare : communion de pensée dont Boileau aurait été bien surpris...

Quoi qu'il en soit, un second caractère de l'école américaine vaut, pour finir, d'être souligné. Le Boileau qu'elle dessine est nuancé ; il voudrait aussi être cohérent. Il s'agit de produire non pas l'explication unique, la clé miraculeuse du poète, mais au moins, par la recherche de thèmes unifiants, certaines structures de son imagination. Peut-être même une sorte de secret. « Un savoir secret » : tel est, d'ailleurs, le titre heureux d'un des chapitres les plus forts et les plus élégants de Brody. Non moins suggestives les remarques qu'inspirent à Edelman les images du voyage et de la course, à Davidson la présence positive de l'histoire littéraire comme « source de régulation » pour l'activité poétique présente. Le passionné de littérature que dépeignait Borgerhoff devient même, sous la plume de Brody, un passionné de la transmission de la littérature. Ce n'est pas le poète d'une réalisation, mais celui d'une recherche qui séduit le plus ces lecteurs. Une recherche en cours, insatisfaite de ses résultats provisoires, et qui peut se poursuivre pour l'amateur d'aujourd'hui. Telle serait, en vocabulaire pascalien, la « raison des contraires » de Boileau.

* * *

Boileau redevient ainsi un auteur extrêmement vivant, qui se plierait sans peine aux modes critiques du vingtième siècle : il va jusqu'à servir de prétexte, chez un Jean Ristat, aux ritournelles d'une élévation bouddhique (*le Lit de Boileau et de Jules Verne*, 1965). Il n'a pas encore trouvé, comme son père Malherbe, la consécration d'un *Pour un Boileau*, ce livre que pourrait écrire un nouveau Francis Ponge. Mais elle n'est pas si négligeable, la liste des poètes de notre temps qui l'ont défendu et apprécié : Toulet et Derème y prennent la suite d'Apollinaire et de Claudel. Ce sont ses qualités de poète qui assurent le maintien de sa réputation. On constate, en effet, qu'il résiste bien au privilège que la sensibilité moderne accorde à la spontanéité. C'est le contraire de ce qu'on pouvait craindre. Plus indulgente que celle de Lanson, vite lassée par la tiédeur d'un poème oratoire, l'oreille d'aujourd'hui s'accommode de certaines longueurs, car elle les néglige : moins exigeante qu'autrefois sur la qualité continue du tissu conjonctif d'un discours, elle n'attend d'un poète que des éclairs et des saillies. Boileau les offre, surtout lorsqu'on s'exerce à déchiffrer son vocabulaire propre.

Boileau n'est pas le Poète ; il est, plus modestement, poète. Après avoir reconnu l'apport de la critique non française — le chapitre IX ajoutera aux noms cités quelques noms, surtout italiens — nous conclurons par certains traits de la contribution nationale. Les amis étrangers de Boileau qui s'en prennent à l'Université française de leur temps, risquent d'oublier deux choses. D'abord, les prudentes démarches de la méthode historique s'accommodent mal de redécouvrir, sous de trop flamboyantes couleurs, une gloire consacrée. Et surtout, récemment encore, les plus brillants exercices d'interprétation de l'enseignement français ne prenaient pas souvent le chemin de l'imprimé. Tant de bonnes « explications » de Boileau n'ont pas laissé de traces « savantes », mais elles ont pu impressionner durablement ceux qui les écoutèrent.

Même en France, le Boileau de l'Université est sans doute plus diversifié qu'on ne le croirait. Dans sa thèse *le Goût de Voltaire* (1938), R. Naves mettait toute sa subtilité à concilier le Boileau de l'ordre et des sages préceptes, qu'il ne reniait pas, avec le poète, si vivant derrière le théoricien : l'élégance, la sincérité qu'il exige des autres ne sont que la transposition de la franchise, de l'effort qui le font vivre lui-même. D'ailleurs, les innovations qu'introduisait l'édition de Boudhors ne tardèrent pas trop à gagner le milieu des profes-

seurs. Elle rétablissait la possibilité pratique de lire les œuvres
en prose (l'édition Hachette de Brunetière, qui fut, pendant
quarante ans, la seule classique, ne recueillait — fait notable —
que les *Œuvres poétiques*). Or les pages précédentes ont montré
tout l'avantage que tirait l'image du poète d'une confrontation
entre ses vers et le reste de son œuvre. Boudhors a, d'autre part,
lancé plus d'une idée fructueuse. Comme le dit M. Clarac, « nul
n'a parlé en termes plus pénétrants de la « poésie de Boileau »
(voir aussi le texte XXXVI). On trouve déjà chez lui l'idée d'un
« secret » (il faisait consister ce secret dans la haine de l'« équivoque ») autour duquel viendraient converger les aspirations du
poète créateur. B. Beugnot s'inscrit dans cette perspective,
lorsqu'il développe le thème de la lumière. On voit aussi
Boudhors reprendre utilement le mot de Lanson, qui décelait
chez Boileau l'« allégresse de l'artiste ». « Le contraire d'un
esprit froid », écrira J. Tortel, et doué d'une confiance absolue
dans « le pouvoir novateur de l'esprit ».

D'une manière générale, il existe — et
en plus important — une contrepartie française à ce que nous
avons dit de T.S. Eliot et de son influence sur le domaine
anglais. L'enseignement littéraire des universités, celui, surtout,
des classes de première supérieure, a été fortement marqué, à
partir de 1930 environ, par le prestige de Paul Valéry, prestige
de poète et prestige de critique. L'auteur des divers volumes de
Variété ne s'est pas explicitement mesuré avec Boileau : nous
ne le mentionnons donc pas comme l'ouvrier d'une fortune
littéraire, mais comme l'initiateur d'une école de compréhension.
Sa poétique des pouvoirs du verbe, si féconde pour la lecture de
plusieurs autres classiques, s'appliqua d'elle-même aux vers de
Despréaux. Par ailleurs, les principes de discipline, de rigueur
et d'ascèse, si souvent rappelés par Boileau, furent, sous l'influence de Valéry, relus et éprouvés comme des principes
créateurs. Nombreuses furent les classes et nombreuses les
« dissertations » qui, dans ce climat, et sans grand tapage métho
dologique, revigorèrent l'image du poète Boileau. Le postulat
si fructueux, selon lequel le monde poétique se meut dans « le
système pur des ornements et des chances du langage » (Valéry),
était-il moins légitime de l'appliquer à Boileau qu'à tous les
minores qui devaient en bénéficier ?

IX
État présent
des études sur Boileau

          Entre le visage du régent et celui du satirique (chapitres III à V), entre le versificateur et le poète de verve (chapitres VII et VIII), les générations n'ont cessé, depuis le dix-septième siècle, de partager leurs choix, privilégiant tour à tour un aspect, puis l'autre. Il revient même à la postérité d'avoir fait vivre l'interprète du sublime (chapitre IV), le poète réaliste et le moraliste (chapitres V et VI) que les contemporains avaient à peu près méconnus. À travers ces portraits contrastés, tout au long des métamorphoses de ce visage où un même trait original peut être lu de différentes façons — la « fougue » si vivement reprochée à Boileau par ses adversaires du dix-septième siècle ne devient-elle pas, pour certains lecteurs du dix-huitième siècle, une forme de sensibilité, et, pour les plus récents critiques, le signe de sa passion des lettres ? — Boileau joue un rôle de catalyseur : autour de son œuvre, les hommes et les tempéraments, les goûts et les époques s'expriment et se révèlent. Présence unique à plus d'un titre : dans une France dont il symbolise très tôt l'esprit, Boileau, par-delà le magistère des dernières années, continue de faire planer son ombre sur quiconque entreprend la carrière des lettres. Il a fallu d'abord que cette emprise cessât pour que le renouveau commençât : quoi d'étonnant dès lors à ce que les pays étrangers en aient les premiers donné le signal (chapitre VIII) ? À une période critique où l'histoire littéraire a déployé sa rigueur jusqu'à ne plus rien laisser parfois de la statue qu'elle avait entrepris de ravaler, succède une période de plus large accueil où le régent de la tradition, corrigé et nuancé, trouve harmonieusement sa place à côté du satirique et du poète. L'objet de cet état présent est de dresser le bilan de ces recherches et de montrer les avenues qui restent ouvertes vers une lecture de Boileau qui lui restitue enfin son unité vivante.

Sans ignorer ce qui reste acquis dans l'abondante bibliographie critique antérieure à 1950 [1] et sans nous interdire de citer de nouveau des noms qui apparaissent dans les précédents chapitres, nous mettons l'accent sur les travaux des vingt dernières années et nous adoptons, pour plus de commodité, une présentation à la fois analytique et chronologique.

I. Sources bibliographiques et documentaires

La *Bibliographie générale des œuvres de Boileau* (2 vol., Giraud-Badin, 1929), dressée par Émile Magne, est le seul ouvrage bibliographique consacré à Boileau. Non seulement il décrit de façon détaillée quelque 800 éditions, françaises et étrangères, complètes ou partielles, des œuvres de Boileau et en localise plusieurs exemplaires, mais il donne

---

1. Quelques notes renverront, en cas de besoin, aux bibliographies courantes pour les livres ou articles que nous n'aurons pu citer ou analyser :
CAB CABEEN, D.C. — *A Critical Bibliography of French Literature*, III, *The Seventeenth Century*, Syracuse University Press, 1961.
CIOR CIORANESCU, A. — *Bibliographie de la littérature française du dix-septième siècle*, Paris, C.N.R.S., t. I, 1965.
GIR GIRAUD, J. — *Manuel de bibliographie littéraire*, I, 2e éd., Paris, Vrin, 1958 ; II, Paris, Nizet, 1956 ; III, Paris, Nizet, 1970. Sauf indication contraire, le lieu d'édition est Paris.

souvent le texte des préfaces ou avertissements, surtout pour les éditions anciennes, et il joint à ce relevé un essai, «Les luttes de Boileau », à la fois bibliographique et critique, qui rassemble les divers textes polémiques suscités par les œuvres de Boileau ; nous y avons puisé une grande partie de la documentation des chapitres I et II. Sans être exhaustif, ni toujours sûr dans les attributions des textes, cet inventaire joint à sa richesse l'avantage de publier beaucoup de textes manuscrits.

Dans un *Boileau* qui appartient à la « Collection de documents des textes français » (Les Belles Lettres, 1943), R. Dumesnil a réuni de son côté un certain nombre de documents iconographiques ou de fac-similés, plans et vues de Paris, portraits, gravures, pages titres.

Hors ces deux ouvrages, il faut puiser dans des revues anciennes, telles que le *Bulletin de la Société de l'histoire de Paris et de l'Île-de-France* où le vicomte de Grouchy donne, en 1889, le testament de Boileau et l'inventaire dressé après son décès, et dans des instruments plus modernes tels que, en 1960, les *Documents du minutier central concernant l'histoire littéraire (1650-1700)* [P.U.F.], ou, en 1961, le petit guide de D. Gallet-Guerne, *les Sources de l'histoire littéraire aux archives nationales* (Imprimerie nationale).

Parmi les répertoires bibliographiques que mentionne la note 1, le plus utile est sans doute celui de Cabeen par son caractère sélectif et critique ; mais le plus complet est, à coup sûr, celui de Cioranescu dont la section Boileau compte plus de 500 titres ; mais le classement analytique, s'il représente une première orientation commode dans ce vaste champ, ne va pas toujours sans flottement : l'article de Talamon (12884) n'a pas sa place dans les œuvres puisqu'il commente deux épigrammes bien connues ; le *Bolaeana*, bien situé dans la « biographie » (12972), ne devrait pas figurer également parmi les œuvres de Boileau ; le livre de J. Brody enfin (13702) est beaucoup plus qu'un inventaire de sources. C'est assez dire que la place d'un titre ne nous renseigne pas suffisamment sur son contenu.

II. Les éditions

Aujourd'hui que le texte de Boileau est établi de longue date, les éditions anciennes n'intéressent que l'histoire du livre, la fortune littéraire de Boileau ou l'édition critique d'un texte particulier ; à ce titre, les compléments qui peuvent être apportés à la *Bibliographie* de Magne, comme l'édition hollandaise signalée par J. Marchand (*Mélanges d'histoire du livre et des bibliothèques offerts à F. Calot,* 1960), ne sont pas négligeables. Mais pour le lecteur simplement averti, trois catégories d'éditions méritent attention : les éditions complètes qui représentent une date dans l'histoire du texte et du commentaire ; celles qui sont modernes et sûres, enfin les éditions critiques d'œuvres isolées.

Parmi les éditions qui font date, rappelons la « favorite » qui, en 1701, donne le dernier texte revu par Boileau (Magne 288) ; l'édition de Claude Brossette, publiée à Genève en 1716 (Magne 568), dont le commentaire a été maintes fois pillé, mais mérite encore parfois une consultation malgré le peu d'esprit critique dont il fait preuve ; l'édition Berriat-Saint-Prix (4 vol., Paris, 1830, Magne 663), « naïve et confuse », mais qui « abonde en renseignements précis puisés dans des registres de paroisse et des archives notariales » (P. Clarac).

Deux éditions solides, de destination différente d'ailleurs, peuvent être prises comme base de référence pour toute étude de Boileau : celle de Boudhors et celle de la « Bibliothèque de la Pléiade ». Les sept volumes de la première, publiée dans la collection « Les Textes français » (Les Belles Lettres) de 1934 à 1943, représentent à la fois un bilan et un progrès décisif : malgré une certaine confusion dans la présentation des notes, malgré une chronologie que la recherche récente a, çà et là, corrigée, il y a une information abondante, mais critique, et une entreprise de rajeunissement de Boileau. Les formules alertes de l'introduction générale ont même inspiré plusieurs des travaux récents, par exemple l'article de E. B. O. Borgerhoff sur la *satire IX*. L'édition de la Pléiade, plus à jour en raison de sa date, 1966, s'adresse au grand public. Le texte est celui de l'édition Boudhors, l'annotation précise, mais choisie, le suit également de près. La lettre inédite de Boileau à Racine découverte par R. Bray (*R.H.L.F.,* 1954) se trouve insérée à sa place. Utile et sûre, cette édition n'a évidemment pas la richesse de commentaire que l'on attend d'un instrument de recherche.

Peu d'œuvres ont fait l'objet d'éditions critiques séparées. En dehors du *Dialogue des héros de roman* (éd. T. Crane, Boston, 1902, CAB 2748) et des *Épîtres* (A. Cahen, Paris, STFM, 1937), ce sont surtout les *Satires* qui ont séduit les chercheurs. En 1906, F. Lachèvre publiait le commentaire de Le Verrier accompagné des remarques de Boileau (*les Satires de Boileau commentées par lui-même*, Le Vézinet) ; les notes autographes de Boileau en font tout l'intérêt. En 1932, A. Cahen donnait des *Satires* (Paris, STFM) une édition sérieuse, riche d'information historique, mais dépourvue d'introduction et de notices, sans originalité dans l'utilisation des documents. En 1941 enfin, A. Adam retenait le texte préoriginal conservé dans le manuscrit 5418 de la Bibliothèque de l'Arsenal (*les Premières Satires de Boileau (I-IX)*, Lille) ; chaque satire est précédée d'une minutieuse et copieuse notice qui en fixe de façon quasi définitive la situation historique et la genèse. A. Adam attribuait alors expressément à Boileau la satire « À ceux qui ont fait des vers contre le roi », publiée pour la première fois en 1852 ; avec une prudence justifiée, il la rejette en appendice dans l'édition de la Pléiade. À Munich enfin est parue récemment une édition de *l'Art poétique*, qui adopte une perspective nouvelle en le situant dans une tradition humaniste (*l'Art poétique*, herausgegeben, eingeleitet und kommentiert von A. Buck, Fink Verlag, 1970).

L'œuvre de Boileau est donc maintenant établie et largement commentée ; ses frontières mêmes semblent à peu près arrêtées : malgré les réticences répétées de P. Clarac, il semble difficile depuis R. Bray (« La dissertation sur Joconde est-elle de Boileau ? », *R.H.L.F.,* 1931) et J. Brody (*Boileau and Longinus,* Genève, Droz, 1958), de refuser à Boileau la paternité de la *Dissertation sur Joconde* ou de la traduction du *Traité du sublime* ; leur cohérence avec le reste de l'œuvre vient désormais ajouter des arguments littéraires à ceux de l'histoire. Récemment pourtant (*XVIIᵉ siècle*, 1970), C. Ve-nesoen a remis en cause l'attribution de la *Dissertation* à Boileau au profit de La Fontaine. L'œuvre peut seulement s'enrichir de quelques découvertes nouvelles comme celles de Ch. Boudhors qui révélait en 1933 dans la *R.H.L.F.* la participation de Boileau aux travaux de l'Académie des inscriptions et belles-lettres, ou plus récemment de J. Orcibal et J. Vanuxem (« Racine et Boileau librettistes », *R.H.L.F.*, 1949 et 1951).

III. La biographie [2]

Le discrédit actuel de la biographie ne doit pas faire oublier que la remise en question de l'interprétation traditionnelle de Boileau est partie d'une révision de sa biographie et d'une étude plus exacte et plus poussée de ses relations avec les principaux de ses contemporains. D'une poussière d'articles et d'une foule de synthèses parfois hâtives, dégageons les étapes et les orientations, et retenons l'essentiel.

Malgré son effort documentaire, la *Vie* écrite par Desmaizeaux est encore tributaire d'un genre littéraire qui avait ses règles. Il revenait à Revillout, à la fin du dix-neuvième siècle (« La légende de Boileau », *Revue des langues romanes*, 1890-1895 ; repris dans *Essais de philologie et de littérature*, Montpellier, 1899), de mettre sa formation d'historien au service de Boileau ; sa substantielle étude, qui joint le souci critique au souci documentaire, remet en cause l'idée d'une magistrature que Boileau aurait pu exercer sur ses contemporains au temps de *l'Art poétique*. Ses conclusions, maintenant acquises, ont inspiré les études consacrées à Boileau jusqu'à une date toute récente. C'est ainsi que Jean Demeure, dans des articles publiés de 1928 à 1934 [3], s'est attaché à démanteler la

2. CAB 2753-2758, 2801 ; CIOR 12971-12992 et les monographies de la rubrique « Travaux d'ensemble » (12901-12970).
3. CIOR 13025-13027, 13029. É. Henriot, dans une chronique de 1929 (*Courrier littéraire dix-septième siècle*, t. I), a donné un bon bilan des articles de J. Demeure.

fameuse « Société des Quatre Amis », en insistant par exemple sur les tensions et conflits qui rendaient invraisemblable toute idée de collaboration entre Boileau, Racine, Molière et La Fontaine. Des vues plus nuancées ont succédé à cet examen très critique : Sr. M.P. Haley (*Racine and the « Art poétique » of Boileau*, Les Belles Lettres, 1938), sur la base d'une étude d'histoire littéraire qui rappelle Revillout, établit dans son premier chapitre que les relations de Boileau et de Racine, nouées en 1663, deviennent étroites et amicales à partir de 1670 et permettent alors de parler d'une influence réciproque ; A. Adam (« L'école de 1660. Histoire ou légende », *Revue d'histoire de la philosophie*, 1939), sans prendre parti sur les identifications, s'appuie sur un historique des coteries et des cabales pour mettre en lumière les changements intervenus dans les relations qui unissent Boileau à Maucroix, et les liens réels qui l'attachèrent à Racine et à La Fontaine ; H. C. Lancaster souligne l'estime continue de Boileau pour Molière (« Boileau's Propaganda for Molière and His Troupe », *Modern Language Quarterly,* IV, 1943). Aujourd'hui, le problème s'estompe (voir appendice).

L'histoire des relations de Boileau, qui intéresse la portée et la genèse de ses œuvres, se fera de façon plus large, en allant puiser dans des ouvrages comme celui de G. Collas (*J. Chapelain, Étude historique et littéraire,* Perrin, 1912 ; le chapitre x est consacré à Chapelain et Boileau) ou ceux plus modernes de G. Couton (*la Vieillesse de Corneille,* Maloine, 1949) et de R. Picard (*la Carrière de J. Racine,* Gallimard, 1956).

Avec Chapelain, nous voici passés des relations aux polémiques, autre direction qu'a suivie la recherche biographique : les travaux de W. Bornemann (CAB 2774) et de R. Kerviler (*Revue historique, nobiliaire et biographique,* t. XV, 1878) sur Desmarets de Saint-Sorlin, ceux de P. Bonnefon (CAB 2770) et de H. Kortum (*Charles Perrault und Nicolas Boileau,* Berlin, 1966) [4] contribuent à éclairer le dialogue littéraire de Boileau et de ses contemporains, et à

---

4. On pourra lire, de cet ouvrage en allemand, une brève recension dans *Studi francesi,* n° 37, 1962, p. 146,

préciser l'histoire de la fameuse querelle des Anciens et des Modernes à laquelle il a été mêlé de si près.

Ces divers épisodes, relatés parfois avec un souci du détail proche de la myopie, dessinaient pourtant peu à peu un nouveau visage de Boileau ; l'être de raison devenait un être vivant, plus menacé peut-être, plus agressif surtout. Voilà que ressuscitait, à la place du régent compassé, le Boileau peint par ses adversaires du dix-septième siècle. Cette perspective a inspiré diverses considérations sur le caractère et l'humeur de Boileau : pour Ch. Dejob, le mot n'est guère plus qu'un titre (« L'humeur de Boileau », *Revue des cours et conférences,* 1897-1898), pour M. T. Noss, en 1932, l'idée de *la « Sensibilité » de Boileau* (J. Gamber) fournit déjà une orientation biographique, même si le résultat n'est pas à la mesure des intentions [5]. Il revient à R. Bray (*Boileau, L'homme et l'œuvre,* Boivin, 1942), à D. Mornet (*Boileau,* Calmann-Lévy, 1942) [6] et à P. Clarac (*Boileau,* Hatier, 1964) de réunir les lignes de toutes ces recherches éparses ; ces synthèses rapides demeurent les plus accessibles et les plus justes sur la vie de Boileau. Signalons pour clore cette rubrique la note biographique sommaire, mais abondamment illustrée, de P.-E. Cadillac : « De la cité au village d'Auteuil avec Boileau » (*Demeures inspirées,* III, 1958).

IV. L'étude et l'interprétation de l'œuvre

Le renouveau récent des études sur Boileau, le regard qui s'est détourné de l'homme au profit du texte, n'ont pas rendu caducs tous les travaux antérieurs élaborés au moment où l'image reçue du régent du Parnasse entrait, malgré

5. Le livre est assez heureusement résumé, et sur certains points approfondi, par son auteur dans un article de 1938, « The personnality of Boileau », *The French Review,* p. 399-409.

6. Son *Histoire de la littérature française classique* (A. Colin, 1942) brosse de façon détaillée, et en s'attardant au problème des quatre amis, le même portrait de Boileau.

de tardives survivances dans les manuels, en conflit avec les recherches de l'histoire littéraire.

De cette longue étape qui s'étend jusqu'aux environs des années 1950, il reste d'abord des études de sources : le copieux commentaire de V. Delaporte (*l'Art poétique de Boileau commenté par Boileau et par ses contemporains*, 3 vol., Desclée de Brouwer, 1888) a encore le mérite, même si ses affirmations ou ses rapprochements demandent à être vérifiés et pesés, de replacer la critique et les idées de Boileau dans une tradition et de mieux cerner sa part d'originalité. Dans une intention polémique et malveillante, É. Dreyfus-Brisac étend le même inventaire à l'ensemble de l'œuvre et aux sources antiques et étrangères (*Un faux classique, N. Boileau-Despréaux. Études littéraires comparées*, Calmann-Lévy, 1902). Les pages que J. Marmier consacre à Boileau dans son *Horace au dix-septième siècle* (P.U.F., 1962), même si elles relèvent de l'étude de sources, sont d'une tout autre tenue et font avec finesse le point d'une dette et de l'influence exercée sur le goût et la sensibilité de Boileau par le poète latin. L'article récent de Venesoen (*XVIIe siècle*, 1970), dans la ligne de Delaporte, décèle dans *l'Art poétique* des échos de l'entretien que le P. Bouhours a consacré au bel-esprit.

Sans occuper une place de premier plan, les recherches de chronologie se poursuivent avec J. Griveaud (« La chronologie des premières épîtres de Boileau », *R.H.L.F.*, 1933), l'édition A. Adam des *Satires*, déjà signalée, et les notes de F. Portefaix (« La date du *Repas ridicule* », *R.H.L.F.*, 1921) ou de H. Mattauch (« Datierung und Anlass von Boileau's Epigramm *le Bruit court...* », *Archiv für das Studium der neueren Sprachen*, 1968). Mais l'essentiel se situe aux confins de la biographie et de la littérature : c'est l'intérêt porté aux « victimes [7] », ce sont les ouvrages qui replongent Boileau dans son temps. Aux titres que mentionne Ciorancscu, ajoutons les pages, très justes de ton, où É. Gros analyse les raisons de l'hostilité de Boileau contre Quinault (*Philippe Quinault. Sa vie et son œuvre,* Champion, 1926), celles où H. G. Hall décou-

---

7. CIOR 13042-13062.

vre dans l'allusion hostile du *Lutrin* à Guarini le reflet d'un courant contemporain (« Guarini in Boileau's *Lutrin* », *Modern Language Review*, 1965), comme F. C. Green l'avait fait jadis pour la critique des romans dans le *Dialogue des héros de roman* (« The Critic of the 17th Century and His Attitude toward the French Novel », *Modern Philology*, 1927), et celles où R. A. Sayce tente en quelque sorte de tirer une conclusion en regroupant sous le terme de « baroque » les divers procédés littéraires des écrivains auxquels Boileau s'oppose de façon systématique (« Boileau and the French Baroque », *French Studies,* 1948). Non plus sur un vers isolé, mais d'un point de vue général, la thèse de R. Bray (*la Formation de la doctrine classique en France,* Hachette, 1927) avait déjà montré, tout en le nuançant par l'importance de la notion de goût chez Boileau, un accord profond entre « la doctrine de *l'Art poétique* et celle de la génération de Chapelain », et A. Adam, plus catégorique dans son *Histoire de la littérature française au dix-septième siècle,* réduit les idées de Boileau à celles de Claude Fleury et du cercle Lamoignon (texte XXXIII).

Ainsi les études sur Boileau semblent se partager entre de minutieuses recherches de détail, souvent futiles comme les longues discussions autour du « sac de Scapin » et de l'absence de la fable dans *l'Art poétique,* type même du faux problème [8], et les panoramas qui risquent de dissoudre sa personnalité dans son époque. Pourtant M. Durand consacre au vers de *l'Art poétique* quelques pages sympathiques et attentives qui en révèlent les effets de détail et les libertés (« Essai sur le vers de Boileau », *le Français moderne,* 1938), M. P. Haley, dans l'ouvrage déjà cité, accorde à Boileau une interprétation personnelle des principes classiques et R. Bray pousse plus hardiment la révision des clichés (« Boileau et la théorie de la tragédie », *Hélicon,* 1941). Diverses monographies dressent le bilan de ces recherches : encore fidèle au mythe du régent, celle de G. Lanson, en 1892, doit à la finesse de lecture de son auteur d'échapper à l'oubli ; en revanche, celles de

---

8. GIR I, p. 90-91 et III, p. 226 pour Scapin (ces articles sont curieusement omis par Cioranescu) ; CIOR 13101, 13121 et 13123 pour la fable.

R. Bray, de D. Mornet et de P. Clarac, qui ont été mentionnées à propos de la biographie, sont toutes trois riches en formules justes et bien senties [9] ; Bray et Mornet, celui-là plus nuancé et moins didactique, préoccupés tous deux de problèmes littéraires plus que de questions biographiques, présentent, à des degrés divers, la carrière de Boileau comme une aventure du goût. La monographie italienne de V. Zdroiewska (*Boileau,* « Scrittori staniere », Brescia, 1948), moins sûre du point de vue historique que les précédentes, qu'elle semble ignorer, aborde de front des problèmes importants tels que la conception de l'art et les idées religieuses, et met heureusement en lumière l'approfondissement de la pensée critique de Boileau.

L'Italie occupe d'ailleurs, à côté de la critique anglaise et des poètes et essayistes (voir chapitre VIII), une place non négligeable dans ce que l'on peut appeler la révolution critique qui s'est opérée autour de Boileau depuis une vingtaine d'années. Rappelons quelques libres lectures qui ont ouvert la voie, celle de J. E. Fidao-Justiniani trop oubliée (texte XXVIII), celles de Manuel de Diéguez (texte XXXV) et de J. Tortel (« Le problème de *l'Art poétique* », *Cahiers du Sud,* 1951 ; repris en partie dans « Le lyrisme au dix-septième siècle », *in Histoire des littératures,* t. III, « Encyclopédie de la Pléiade », 1958) ; le lecteur d'aujourd'hui pourrait leur demander une initiation à Boileau vive et séduisante. Mais c'est d'un regain d'intérêt pour le traité de Longin qu'est sortie l'interprétation moderne de Boileau : l'essai de E. B. O. Borgerhoff (*The Freedom of French Classicism,* Princeton University Press, 1950) qui fait déjà de la carrière poétique et critique de Boileau une quête du sublime, étrangère au dogmatisme aveugle qu'on lui a prêté, est contemporain de l'inventaire bibliographique de B. Weinberg (« Translations and Commentaries of Longinus *On the Sublime* to 1600 », *Modern Philology,* t. XLVII, 1950). Il ne s'agit plus seulement de replacer Boileau dans un courant ou une tradition dont il serait un représentant parmi d'autres ;

---

9. Du livre de P. Clarac, J. Brody a donné un compte rendu sévère, mais équilibré (*Dix-septième siècle,* n° 78, p. 52-56) qui, tout en reconnaissant les qualités de justesse, de sensibilité et d'expression, lui reproche à la fois de faire la part trop belle à l'histoire érudite et de méconnaître l'apport de la critique étrangère.

on découvre au contraire que Longin fut pour lui la rencontre décisive et qu'il en a marqué la lecture de façon originale (texte XXXIV) : c'est ce qui ressort des deux articles de A. Scaglione (« Nicola Boileau come fulcro nella fortuna del *Sublime, Convivium,* 1950 ; « La responsabilità di Boileau per la fortuna del *Sublime* nel settecento », *ibid.,* 1952) et de celui de W. G. Moore (« Boileau and Longinus », *French Studies,* 1960), manifeste vigoureux en faveur de Boileau, qui suit de deux ans le livre essentiel de J. Brody (*Boileau and Longinus,* Genève, Droz, 1958). Ce dernier est plus ou moins la source des travaux publiés depuis, dans la mesure où il a renouvelé à la fois les perspectives d'ensemble et la signification du vocabulaire critique qu'emploie Boileau. Il réussit en effet à dégager chez lui une vision cohérente de la littérature, dont les manifestations apparaissent dans chacune de ses œuvres, sans ressusciter jamais l'image du régent puisque cette cohérence se situe au niveau d'une expérience personnelle et intime. Ainsi les idées pressenties par Fidao-Justiniani et par S. Lempicki dans un substantiel article que sa langue a privé de l'audience qu'il méritait (« Pindar im literarischen Urteil des 17. und des 18. Jahrhundert », *Eos,* 1930-1931) n'ont révélé que tardivement leur fécondité.

La lecture de *l'Art poétique* s'est trouvée, simultanément ou par voie de conséquence, rajeunie. Dès 1957, M. Bonfantini publiait un cours (« *L'Art poétique* » *di Boileau e i suoi problemi,* Milan) où il joignait à une étude particulièrement soignée des sources un commentaire esthétique inspiré des idées de B. Croce. Les articles de N. Edelman (« *L'Art poétique :* longtemps plaire et jamais ne lasser », *Studies in the 17th Century... to M. Bishop,* Cornell University Press, 1962 [10]) et de H. M. Davidson (« The Idea of Literary History in the *Art poétique* of Boileau », *Symposium,* 1964), déjà cités au chapitre précédent, adoptaient un point de vue où le poète n'était plus dissociable du critique. Le même Davidson avait un peu plus tôt, s'inspirant expressément des travaux de J. Brody, justifié le voisinage, qui avait longtemps paru insolite, dans le recueil de

---

10. Article repris dans *French Classicism,* « A Critical Miscellany edited by J. Brody », Prentice-Hall, 1966, p. 208-221.

1674, de *l'Art poétique* et de la traduction de Longin (« The Literary Arts of Longinus and Boileau », *Studies in the 17th Century... to Mr. Bishop*). J. Orr enfin, en s'attachant à l'expression poétique, allait dans le sens de cette critique nouvelle (« Pour le commentaire linguistique de *l'Art poétique* », *Revue de linguistique romane*, 1961) : le vers de Boileau révèle, sous la plume attentive et subtile, à l'excès parfois, de l'analyste, ses effets de détail, ses intentions secrètes, une part d'ambivalence et de jeu que l'on n'était pas habitué à trouver chez le poète trop transparent de la raison. L'intuition de Boudhors — « ce maître de la poésie à double fond » — se trouvait magistralement confirmée, comme elle l'avait été en 1952 par Borgerhoff dans une étude de la *satire IX* centrée sur l'idée de liberté créatrice que Boileau sauvegarde par une constante ambiguïté entre son propos et son écriture (« Boileau Satirist *animi gratia* », *The Romanic Review*, vol. 43 : texte XXXII).

Le *Lutrin* en revanche a moins suscité l'intérêt de la critique récente. Depuis les notes anciennes de M. Cauchie (CIOR 13138) et de É. Clairin (« Les palais de justice d'autrefois. À propos du *Lutrin* de Boileau », *Nouvelle revue*, 15 mars 1927), on ne peut signaler que l'étude historique et génétique de P. Émard et S. Fournier, *la Sainte-Chapelle du Lutrin. Pourquoi et comment Boileau a composé son poème* (Genève, Droz, 1963), dont la seconde partie s'intéresse aux allusions critiques, et l'article plus littéraire de H. A. Mason « Boileau's *Lutrin* » (*The Cambridge Quarterly*, IV, 1969-1970).

Tel se présente le nouveau Boileau, sorti des cendres du Boileau des écoles. Les notions de liberté, d'unité, de cohérence, de passion de la littérature sont désormais au cœur des hommages qu'on lui rend (M. Rat, « Apologie pour Boileau », *Revue des Deux Mondes*, 15 mai 1967 ; H. A. Mason, « Hommage à M. Despréaux. Some Reflections on the Possibility of Literary Study », *The Cambridge Quarterly*, III, 1967-1968), des réflexions autour du regard critique qu'il porte sur les œuvres littéraires, celles d'autrui et les siennes propres (B. Beugnot, « Boileau et la distance critique », *Études françaises*, Montréal, 1969) ou de la recherche, dans la permanence d'une image privilégiée, des aspirations communes au critique et au moraliste (B. Beugnot, « Boileau, une esthétique de la lumière », *Studi francesi*, n° 44, 1971). Nul doute que l'œuvre de Boileau n'ait largement profité d'un intérêt plus vif que jamais pour les questions de critique et de langage, qui a permis à notre temps de se trouver avec elle des affinités secrètes. Nul doute non plus que la perspective structuraliste n'ait marqué cette quête qui a fait relire et découvrir son œuvre dans sa totalité.

V. La fortune de Boileau [11]

Presque toutes les monographies, jusqu'à la plus récente, scolaire dans son propos, mais précise, à jour et bien orientée (J. E. White, *Nicolas Boileau*, Twayne, N.Y., 1969), consacrent leur dernier chapitre à cette fortune ; ce sont nécessairement des vues sommaires. Il faut donc souvent recourir aux textes originaux ou à des recueils très partiels comme ceux de M. Hervier (*les Écrivains français jugés par leurs contemporains, t. I, le seizième et le dix-septième siècles,* 1911) ou de F. Vézinet (*le Dix-septième Siècle jugé par le dix-huitième,* 1924). Pour le dix-huitième siècle seulement, on dispose du gros livre de J. Miller (*Boileau en France au dix-huitième siècle,* Johns Hopkins University Press, 1942), plus riche de documentation que de vues claires ou profondes, mais il a été à ce titre fort utile pour notre propos.

On est en revanche mieux armé en ce qui concerne l'influence de Boileau à l'étranger, en Angleterre surtout. Nous nous en tiendrons aux précisions ou compléments qu'appelle le recensement de Cioranescu. Le *Boileau et l'Italie* de G. Maugain (Champion, 1912), qu'il classe à la rubrique « sources » (13067), consacre toute sa seconde partie à la fortune de Boileau en Italie ; il signale des traductions plus nombreuses que la *Bibliographie* de Magne et met en évidence les résistances qui se sont manifestées à la pénétration de Boileau, en raison même de son hostilité constante aux auteurs italiens.

11. CIOR 13187-13215 ; Magne II, p. 85, note 1 ; GIR III, p. 226-227.

Au chapitre de l'influence anglaise, mentionnons l'introduction et le contenu des *Critical Essays of the 17th Century,* de J. E. Spingarn (3 vol., Oxford, Clarendon, 1908-1909) et les livres de L. Charlanne, *l'Influence française en Angleterre : le théâtre et la critique* (1906 : Slatkine Reprint, 1970. Le dernier chapitre traite de Boileau), de M. Audra, *l'Influence française dans l'œuvre de Pope* (Champion, 1931), de S. H. Monk, *The Sublime. A Study of Critical Theories in XVIIIth Century England* (N.Y., 1935 ; Ann Arbor, 1960) et de A. Maurocordato, *la Critique classique en Angleterre* (Didier, 1964) ; ajoutons l'article de G. McFadden, « Dryden, Boileau and Longinus Imitation » (*Actes du 4e Congrès de l'A.I.C.L.*, La Haye, Mouton, 1966, II). Au chapitre de l'influence espagnole, un seul article : A. S. Trueblood, « *El castillano viejo* (Larra) y la *Satira III* de Boileau », *Nuova revista de filologia hispanica,* 1961.

Le nombre et la diversité des travaux inspirés par Boileau et son œuvre ne doivent pourtant pas laisser croire que le dernier mot a été dit et qu'il n'y a plus matière à recherches. Concluons cet état présent en ouvrant quelques avenues. Une bibliographie critique, une recherche systématique des manuscrits, un corpus des textes et témoignages contemporains restent à entreprendre. Une biographie qui exploiterait tous les documents aujourd'hui disponibles serait utile. La recherche des sources, qu'il est à la mode de vilipender, peut encore, conçue dans une perspective génétique, apporter du nouveau ou se prêter à des bilans : la dette de Boileau vis-à-vis de Guez de Balzac n'a jamais été appréciée.

D'un point de vue plus spécifiquement littéraire, les éditions actuelles ne dispensent pas d'envisager des éditions critiques partielles qui feraient le point dans le fatras des commentaires et ranimeraient le dialogue de l'œuvre et de son temps : nous pensons à la *satire IX* ou à l'*Art poétique.* Enfin les idées morales et religieuses, en particulier, la question fort débattue jusqu'au dix-huitième siècle, du « jansénisme » de Boileau, que A. Rousseaux (*le Monde classique*) considère comme foncier et que H. Busson (*la Religion des classiques*) croit superficiel, les rapports de l'esthétique de Boileau avec celle des arts contemporains — Fidao-Justiniani suggérait des rapprochements avec le *Cours de peinture* de Roger de Piles ; il y en aurait aussi avec les *Conférences* de Félibien — la rhétorique de Boileau, l'invention poétique, autant de sujets qui, sans être toujours neufs, mériteraient réflexion et contribueraient à parfaire le Boileau que découvre la critique contemporaine. Si, après trois siècles d'avatars multiples, le poète et le critique ont commencé de revivre, tout est loin d'être encore dit dans l'aventure nouvelle où ils se trouvent engagés.

APPENDICE

LA « SOCIÉTÉ DES QUATRE AMIS »

Dans la mesure où elle a été longtemps l'image même de la légende de Boileau et où elle continue d'exercer la sagacité des érudits, l' « introuvable Société des Quatre Amis » mérite une mise au point critique. L'histoire de ce mythe comporte trois étapes distinctes.

1re étape. Les origines lointaines.

Divers témoignages parlent de réunions qui se seraient tenues autour de Boileau :

1686 : Bonnecorse, B. de, *le Lutrigot* : Boileau (Lutrigot), Racine (Garine), Chapelle (Rigelle).

1716 : Brossette, *Œuvres de Boileau,* I, p. 438 : réunion, chez un traiteur fameux, de Despréaux, Racine, La Fontaine, Chapelle, Furetière.

1727 : Titon du Tillet, *Description du Parnasse français,* p. 141 : réunion dans un appartement du faubourg Saint-Germain de Boileau, Chapelle, Racine et Molière. « Ce qui cessa par un froid qu'il y eut entre Molière et Racine. »

2e étape. Les quatre amis de *Psyché.*

C. A. Walckenaer (*Histoire de la vie et des œuvres de La Fontaine*), partant du postulat que le prologue de *Psyché* dissimule sous les pseudonymes d'Acante, Ariste, Gélaste et Polyphile une réalité historique, rapproche les témoignages du texte de La Fontaine. Jusqu'à une date récente, on ne discute guère que ses identifications.

	Acante	Ariste	Gélaste	Polyphile
1820 Walckenaer	Racine	Boileau	Molière	La Fontaine
1875 Moland, L.[12]			Chapelle	
1883 Mesnard, P.[13]			Molière puis	
			Chapelle	
1892 Lanson, G.	Racine	Boileau	Molière (?)	La Fontaine
1928 Demeure, J.	La Fontaine	Pellisson	Maucroix	Benserade
				Brienne, abbé de
				Torches (?)
				Tallemant
1942 Bray, R.[14]	Racine	Boileau	Molière	(?)
1942 Mornet, D.[15]	Racine	Boileau	Molière	(?)
1945 Pommier, J.[16]	Maucroix	Pellisson	Chapelle (?)	La Fontaine
1959 Clarac, P.[17]	La Fontaine			La Fontaine
1962 Kohn, R.[18]	La Fontaine	Pellisson	Maucroix	La Fontaine
1966 Hubert, J.-D.[19]	Pellisson	Pellisson		
1970 Collinet, J.-P.[20]			Furetière (?)	

3e étape. Vers une solution esthétique.

La prudence de Revillout (« L'auteur de *Psyché* a pu, volontairement ou non, ne pas faire un portrait fidèle. Il a pu, tout en songeant à Molière, lui prendre quelques traits, en emprunter même à d'autres originaux et arranger le tout suivant sa fantaisie », 1892), l'étude minutieuse des relations de Boileau avec ses principaux contemporains (J. Demeure, A. Adam), une remarque de D. Mornet (« Il existe avant *Psyché* des œuvres dialoguées où une promenade d'amis n'est manifestement qu'une fiction », *R.H.L.F.*, 1937), l'idée même d'un dédoublement possible (P. Clarac, R. Kohn, J.-D. Hubert) conduisent à oublier le problème de l'identification pour voir dans le prologue de *Psyché* un artifice littéraire : aux yeux de J. Rousset (« Psyché » ou le plaisir des larmes, *N.R.F.*, 1966), Acante, Ariste, Gélaste et Polyphile incarnent des genres littéraires et pour J.-P. Collinet quatre attitudes possibles face au problème des passions.

12. *Œuvres de La Fontaine*, Garnier, t. VI.
13. *Notice biographique sur La Fontaine in Œuvres*, Hachette, G.E.F. (éd. H. Régnier).
14. *Boileau*, « Livre de l'étudiant », Boivin. R. Bray use du conditionnel. pour avancer ces noms.
15. *Histoire de la littérature française classique*, A. Colin.
16. *Questions de critique et d'histoire littéraire*, Genève, Droz.
17. *La Fontaine*, « Connaissance des lettres », Hatier.
18. *Le Goût de La Fontaine*, P.U.F.
19. « La Fontaine et Pellisson ou le mystère des deux Acante », *R.H.L.F.*, 1966, n° 2.
20. *Le monde littéraire de La Fontaine*, P.U.F., p. 120, 231.

Textes
d'illustration

I

Abbé Cotin

Cotin a commencé par rappeler son naturel
paisible et accommodant.

Mon inclination me défendait d'écrire,
Mais le cadet Boileau me force à la satire :
Lui, qu'on ne voit jamais dans le sacré vallon,
Veut trancher du Phébus et faire l'Apollon ;
Lui, que l'on ne connaît qu'à cause de son frère,
Lui, comme il dit lui-même, accablé de misère,
Et qui, « n'étant vêtu que de simple bureau,
Passe l'été sans linge, et l'hiver sans manteau [1] » ;
Ce malheureux sans nom, sans mérite et sans grâce,
Se place en conquérant au sommet du Parnasse ;
Il descend de la nue, et, la foudre à la main,
Tonne sur Charpentier, tonne sur Chapelain ;
Puis, donnant à ses vers une digne matière,

1. *Satire II*, v. 3-4.

Comme un de ses héros il encense Molière.
Que s'il ne me tient pas pour un original,
Je n'ai pas, comme lui, copié Juvénal ;
Je n'ai pas, comme lui, pour faire une satire,
Pillé dans les auteurs ce que j'avais à dire.
Sachant l'art de placer chaque chose en son lieu,
Je ne puis d'un farceur me faire un demi-dieu ;
D'un chantre du Pont-Neuf je fais peu mon Virgile,
Et *le Roman bourgeois* ne règle pas mon style.
Enfin, pour attaquer ce qu'on fait aujourd'hui,
Horace et Martial m'ont moins prêté qu'à lui.
Je n'ai point avec eux eu si lâche commerce,
Je n'ai jamais traduit les satires de Perse ;
Et, si je voulais faire un compliment au Roi,
Je lui dirais au moins quelque chose de moi.
Qu'on ne m'accuse point de caprice ou de haine !
La simple vérité coule avecque ma veine :
Je dis mon sentiment, je ne suis point menteur,
J'appelle Horace Horace, et Boileau traducteur.

(*Despréaux ou la Satire des satires*, 1666, in M. Allem, *Anthologie poétique française*, Garnier-Flammarion, 1966, p. 28-29.)

II

Abbé Cotin

Apostrophant « Monsieur le petit Dogue », l'auteur le compare aux Cyniques qui déchiraient le genre humain et lui reproche tour à tour son ambition, sa débauche, son inexpérience critique : Boileau ne s'est finalement attaqué qu'aux gratifiés et aux « Poètes sublimes, délicats, spirituels qui ont rencontré le goût du grand et du beau monde et qui contribuent à la réputation de la France chez les Étrangers. »

Surtout ne vous frottez pas aux poètes ; vous savez que de pirate à pirate il n'y a que des coups à gagner, et quand vous serez plus habile que vous n'êtes vous saurez même que la mauvaise poésie n'est pas une vraie matière à satire pour ce que la satire n'a que le vice pour objet de ses corrections et

que la pauvreté d'esprit non plus que celle des biens n'est pas
un vice [...] C'est porter la satire au-delà de ses justes limites
que de l'employer contre les mauvaises Poésies si l'on n'entend
par ce mot celles qui, comme la vôtre, s'en prennent à la Religion et à l'État, ou qui par une doctrine scandaleuse et impure
comme la vôtre tendent à la dépravation des mœurs. Bien que
la satire soit instituée pour la réformation des vices, elle n'étend
pas sa juridiction sur ceux du langage et n'a d'inspection que
ceux de l'âme. C'est le fait de l'art poétique et de la gram-
maire de syndiquer ces sortes de défauts et quand vous les
citez au tribunal de la morale, ils peuvent en appeler comme
d'abus et demander leur renvoi devant leurs juges légitimes.
Qu'importe, je vous prie, à la République s'il y a quatre poètes
entre tant de millions d'hommes dont elle est composée qui
inventent mal, qui disposent mal, qui aient la versification rude
ou languissante ? [...] Les mauvais poètes par leurs mauvaises
poésies ne causent de mal qu'à eux-mêmes, ne font que renforcer leur misère, que décrier leur profession. Laissez la tâche
de leur réforme à qui elle appartient et, sans mettre votre
faucille en la moisson d'autrui, ne songez qu'à vous réformer
vous-même, qu'à redresser ce qu'il y a de tordu dans votre
esprit et dans vos mœurs. Et ne pensez pas vous couvrir de
l'exemple des satiriques anciens ni de celui de notre satirique
moderne que vous avez pris tout de travers et dont vous avez
fait des imitations très défectueuses, principalement à l'égard
des poètes, pour leur courir sus. Ayant vu dans Horace, Lu-
cilius et Plaute légèrement notés ; dans Juvénal, Codrus dou-
cement piqué, et dans Régnier, Malherbe seulement désigné,
vous vous êtes licencié de les nommer par douzaines dans vos
libelles et de les houspiller avec la dernière aigreur. Ce qui
vient seulement de ce que votre jalousie et votre audace vous
ayant fait porter pour inquisiteur de leur vertu, comme vous
n'en avez pu soutenir l'éclat, vous avez entrepris de la ternir et
de la faire passer pour vice. Cela vient encore de ce que vous
vous êtes ridiculeusement persuadé d'avoir le génie satirique
au lieu que vous n'avez que le génie médisant, et de ce que,
dans cette persuasion, vous avez voulu faire un petit saut
après ces grands hommes, vous figurant d'être un autre Horace,
un autre Juvénal, un autre Régnier comme s'il n'y avait point

de différence entre un calomniateur audacieux et effronté et un censeur enjoué et raisonnable.

(*Discours satirique au cynique Despréaux,* vers 1666-1667, *in* É. Magne, *Bibliographie générale des œuvres de Boileau,* Paris, 1929, t. II, p. 143-144.)

III

Boursault

Les satires de Monsieur Despréaux ont fait un si grand fracas, et tant de personnes capables de juger des belles choses, leur ont donné leur approbation, que je serais du moins aussi emporté que leur auteur, si le peu qu'on y remarque de méchant me faisait condamner tout ce qu'il y a de bon. J'avoue que la gloire qu'il prétend s'être acquise, lui serait légitimement due, si l'on acquérait une véritable gloire à faire beaucoup de mauvais bruit : mais pour un homme tel que Monsieur Despréaux, qui par la délicatesse de sa plume pouvait s'attirer des applaudissements sans restriction, c'est en avoir mal usé que d'avoir réduit tout ce qu'il y a de gens raisonnables, à ne pouvoir faire l'éloge de son esprit, sans être obligés de faire le procès à sa conduite. S'il est vrai que son génie soit borné, qu'il soit en pays perdu aussitôt qu'il est hors de la satire, je consens qu'il n'en sorte point ; mais il y a bien de la différence entre satiriser et médire ; reprendre, et injurier ; condamner des crimes, et en commettre. Attaquer les vices dans tous les hommes, et faire des peintures de leur noirceur qui donnent de l'horreur à ceux qui, en faisant réflexion sur leur vie, s'en trouvent convaincus, c'est ce qu'on appelle une satire : mais déclarer ceux d'un particulier, et décliner son nom pour le faire mieux connaître, c'est un libelle diffamatoire. En vain Monsieur Despréaux cherche des exemples pour autoriser ce qui n'en eut jamais. Si les Romains qu'il cite dans un discours qu'il a fait sur la satire, ont quelquefois nommé des gens connus, ils faisaient par prudence ce que fait aujourd'hui Monsieur votre frère par le seul plaisir qu'il a de faire du mal... De tous ceux que nomme M. D... il n'y en a pas un

que je connaisse, si l'on m'en excepte, en qui l'on ne trouve
toutes les qualités pour faire d'aussi honnêtes et d'aussi habiles
gens qu'il y en ait au monde.

(*La Satire des satires*, Paris, J. Ribou, 1669, Au lecteur.)

IV

Desmarets de Saint-Sorlin

On a jugé à propos de défendre la poésie héroïque contre les
rêveries d'un tel docteur, et de faire une légère censure de
toutes ses satires : car on ne peut donner un autre nom à
toutes les œuvres de son recueil, puisqu'il n'y a ni épître, ni
Art poétique, ni *Lutrin,* qui ne soit une satire ; et il s'y pourra
voir lui-même comme dans un miroir, qui ne le flattera point,
qui ne se laissera pas étourdir par sa voix, et qui lui fera
connaître quelles sont les bornes de sa capacité et de son
mérite [...]

Dans toute cette satire de l'homme et des animaux, il semble
ennuyeusement vouloir épuiser son sujet, son art quelconque.
Comme la sixième satire (qui est toutes les incommodités de
Paris, tant dans les maisons que dans les rues) n'est qu'une
longue amplification de ce que dit Horace des incommodités
de la ville de Rome, quand il était obligé d'aller de sa maison
à une autre qui en était éloignée. Mais notre auteur prétend,
de quelques plats qu'il a pris dans Horace, nous faire un
ample festin ; et il nous embarrasse, nous accable, et nous
étourdit de tous les embarras, accablements et bruits de Paris,
lesquels il veut dire tous sans en oublier un seul, pensant faire
merveille que d'épuiser les matières par une fausse fécondité.
Mais ce n'est pas être bon poète que de tout dire, et que de
fatiguer son lecteur en pensant le faire rire. Il faut qu'un poète
en laisse plus à penser qu'il n'en a dit. Cependant il nous fera
une grande leçon dans son *Art poétique,* mais tirée des Anciens, qu'il ne faut pas épuiser les sujets, et que l'esprit ras-
sasié rebute ce qui est de trop. Ce peu d'observations sur les
satires de ce poète, pourront lui faire voir qu'il n'est pas si

habile qu'il pense, et que ce n'est pas le moyen de parvenir à la réputation d'être bon poète, que d'écrire contre la raison et contre la sagesse, et que de vouloir si fort nous égaler aux bêtes [...]

Il faut considérer encore que ces préceptes ne peuvent servir que pour des écoliers : car pour les autres poètes il n'y en a point qui ne les aient appris, et qui ne sachent aussi bien que lui des choses si belles, mais si communes. Et quand il veut mêler des préceptes de sa façon, c'est comme qui voudrait mêler du fer avec de l'or, et ferait fondre le tout ensemble pour en faire une statue. Mais ce qui est de plus admirable en lui, est comment il a voulu mettre au jour de si bons avis tirés des auteurs, pour le soin que l'on doit avoir de corriger, de ne rien mettre de superflu, de n'épuiser point les sujets, de choisir des amis sincères et habiles, qui connaissent bien les fautes, et qui n'en pardonnent aucune ; puisqu'il lime si mal plusieurs de ses vers, et qu'il se corrige si peu, ou si mal ; puisque ayant quelques amis de bon sens, il les croit si rarement ; ou puisque les croyant, il ne peut changer en mieux ce qu'ils ont condamné. Car il ne manque pas d'amis judicieux, qui aimant ce qu'il a de bon, voudraient, pour autoriser l'estime qu'ils en font, qu'il fût plus soumis à leurs conseils, ou plus capable de les suivre, et de changer ses méchants vers en bons, et ses fautes de jugement en sentiments plus raisonnables. Ceux qui lisent ces préceptes si beaux, qu'il a puisés dans leurs riches sources, et qu'il a si mal observés, ne peuvent s'empêcher de rire en les lisant, et en considérant avec quelle autorité il les débite, quoiqu'il sente bien qu'il ne les observe pas lui-même. Peut-être n'a-t-il pas commencé à les connaître qu'en les traduisant ; et peut-être aussi ne sent-il pas lui-même qu'il les ait si mal observés.

On peut juger par les précédentes remarques s'il est capable de donner des avis, et de condamner les autres, comme il fait avec une hardiesse pareille à celle d'un régent d'une basse classe parlant à ses écoliers. Mais il n'est pas besoin de distinguer ici ceux qu'il blâme légitimement, d'avec ceux qu'il condamne à tort. Les bons juges qui les ont lus les ont jugés avant lui ; et son jugement ne leur fera pas changer d'opinion.

Les mauvais juges le croiront s'ils veulent, et n'en deviendront pas plus habiles. Peut-être qu'au lieu de s'amuser à juger des poètes dont il parle, on aimera mieux apprendre par ces remarques ce que l'on doit juger de lui-même ; et l'on sera bien aise de voir que l'on défend en passant, ceux qu'il a blâmés sans raison et par envie.

(*La Défense du poème héroïque,* Paris, 1674.)

V

Boileau jugé par les mondains

Bussy-Rabutin

Despréaux est encore merveilleux : personne n'écrit avec plus de pureté : ses pensées sont fortes, et ce qui m'en plaît, toujours vraies. Il a attaqué les vices à force ouverte, et Molière plus finement que lui. Mais tous deux ont passé tous les Français qui ont écrit dans leur genre.

(Lettre au R.P. Rapin, 24 août 1672, *in Correspondance,* Paris, éd. L. Lalanne, 1858-1859, t. II, p. 156.)

Je ne puis assez dignement répondre à votre lettre, Monsieur. Elle est si pleine d'honnêtetés et de louanges, que j'en suis confus. Je vous dirai seulement que je n'ai rien vu de votre façon que je n'aie trouvé très beau et très naturel et que j'ai remarqué dans vos ouvrages un air d'honnête homme, que j'ai encore plus estimé que tout le reste. C'est ce qui m'a fait souhaiter d'avoir commerce avec vous ; et puisque l'occasion s'en présente aujourd'hui, je vous en demande la continuation, et votre amitié en vous assurant de la mienne. Pour mon estime, vous n'en devez pas douter, puisque vos ennemis vous l'accordent dans leur cœur, s'ils ne sont pas les plus sottes gens du monde.

(Lettre à Boileau, 30 mai 1673, *ibid.,* t. II, p. 253.)

Saint-Évremond

Je vous dirai candidement ce que je pense du livre de M. Despréaux[2], que j'estime fort sans le connaître. Il y a les plus beaux vers que j'aie jamais vus, en beaucoup d'endroits. On remarque partout que l'auteur a trouvé l'art de les bien faire, de les bien tourner autant que personne de ce temps ; sa poétique ne laisse pas d'être très belle, pour être au-dessous de celle d'Horace, sa traduction de Longin me satisfait extrêmement ; enfin je pense que le public lui est fort obligé, et je prends part à cette obligation par le plaisir qu'il me donne, et par l'utilité que j'en retire. À la vérité il y a un goût pour le ridicule encore un peu plus fin que le sien ; la raison dit Virgile et la rime Quinault, l'abbé de Pure [3] et cent autres choses de ce tour-là, en laissent imaginer un plus délicat [...] Il me semble que M. Despréaux s'est voulu donner le goût d'Horace, il s'est rendu un Juvénal poli et fort exact ; c'est le meilleur en son genre que nous ayons sans comparaison, quoique Régnier eût plus de naturel. Je voudrais que nous eussions plusieurs écrivains comme lui.

(Lettre à Anne Hervart, 1er décembre 1674, in *Lettres,* Paris, éd. R. Ternois, 1967, t. I, p. 214-215.)

Madame de Sévigné

Je dînai hier avec M. le Duc, M. de la Rochefoucauld, Mme de Thianges, Mme de La Fayette, Mme de Coulanges, l'abbé Têtu, M. de Marsillac et Guilleragues, chez Gourville [...] On écouta la *Poétique* de Despréaux, qui est un chef-d'œuvre.

(Lettre à Mme de Grignan, 15 décembre 1673, in *Lettres,* « Bibliothèque de la Pléiade », 1953, t. I, p. 652.)

J'allai donc dîner samedi chez M. de Pomponne, comme je vous avais dit ; et puis, jusqu'à cinq heures, il fut enchanté,

---

2. Il s'agit des *Œuvres diverses* (*Satires, Épîtres II et V, l'Art poétique, le Lutrin, Traité du sublime*).
3. *Satire II*, v. 17-20.

enlevé, transporté de la perfection des vers de la *Poétique* de Despréaux. D'Hacqueville y était.

(Lettre à Mme de Grignan, 15 janvier 1674, *ibid.*, p. 681.)

Cureau de la Chambre

Vos seuls ouvrages vous peuvent tenir lieu de tout. C'est là qu'on trouve un génie libre et heureux, de la sublimité et de l'élévation, un tour incomparable de vers, un style nombreux et périodique, plein de grâce et de majesté, quelque chose d'harmonieux qui transporte et qui ravit, par de beaux accords plus durables et aussi touchants que ceux de la musique ; par tout un grain de ce sel attique qui seul a préservé de la corruption les ouvrages des Anciens, sur lesquels vous avez enchéri par une noble et louable émulation. Bien loin de tomber dans une imitation basse et servile, qui n'oserait porter ses pas quasi qu'en tremblant sur les vestiges d'autrui, vous redressez souvent vos conducteurs et vos guides, par une heureuse hardiesse qu'il vous plaît qualifier de témérité ; vous les ramenez dans le bon chemin, quand ils s'en sont égarés.

(*Réponse au discours de réception de Boileau à l'Académie,* 3 juillet 1684, *in Recueil des harangues prononcées à l'Académie,* Paris, J.B. Coignard, 1698, p. 457.)

La Bruyère

Celui-ci passe Juvénal, atteint Horace, semble créer les pensées d'autrui et se rendre propre tout ce qu'il manie ; il a dans ce qu'il emprunte des autres toutes les grâces de la nouveauté et tout le mérite de l'invention. Ses vers, forts et harmonieux, faits de génie, quoique travaillés avec art, pleins de traits et de poésie, seront lus encore quand la langue aura vieilli, en seront les derniers débris : on y remarque une critique sûre, judicieuse et innocente, s'il est permis du moins de dire de ce qui est mauvais qu'il est mauvais.

(*Discours de réception à l'Académie,* 15 juin 1693.)

Madeleine de Scudéry

Il y a une nouvelle satire de Despréaux imprimée contre les femmes, qu'il croit la meilleure des siennes. Mais les gens de bon goût ne le trouvent pas, et il y a un caractère bourgeois et des phrases fort bizarres.

(Lettre à l'abbé Boisot, 6 mars 1694, *in* Tallemant des Réaux, *Historiettes*, Paris, 1850, t. VIII, p. 238.)

Chevalier de Méré

Je disais que dans le mauvais sens de Théophile il y avait toujours quelques agréments, et que ce qui était net et démêlé dans Boileau était désagréable [...] C'est un mauvais signe quand on ne connaît pas ce qu'un auteur a d'excellent, c'est une satire contre Boileau sur ce qu'il dit de Théophile.

Ce Boileau est bon versificateur, il choisit bien ses épithètes, il ramasse les balayures du collège, ce qu'ont dit les pédants, les critiques, les choses les plus communes [...]

Miton, qui se connaît à ces choses-là, ne fait cas ni de Despréaux, ni de Guilleragues.

(*Divers propos, in Revue d'histoire littéraire de la France*, 1922 et 1923.)

VI

Valincour

Par quel heureux secret peut-on acquérir cette approbation si généralement recherchée et si rarement obtenue. Monsieur Despréaux nous l'a appris lui-même, c'est par l'amour du vrai [...]

Comme il ne se trouve que dans la Nature, ou pour mieux dire, comme il n'est autre chose que la Nature même, Monsieur Despréaux en avait fait sa principale étude. Il avait puisé dans son sein ces grâces qu'elle seule peut donner, que l'art emploie toujours avec succès et que jamais il ne saurait contrefaire. Il y avait contemplé à loisir ces grands modèles de beauté et de perfection, qu'on ne peut voir qu'en elle, mais qu'elle ne laisse voir qu'à ses favoris. Il l'admirait surtout dans les ouvrages d'Homère, où elle s'est conservée, avec toute la simplicité, et pour ainsi dire avec toute l'innocence des premiers temps ; et où elle est d'autant plus belle, qu'elle affecte moins de le paraître [...]

Mais c'est en vain qu'un auteur choisit le vrai pour modèle. Il est toujours sujet à s'égarer, s'il ne prend aussi la Raison pour guide.

Monsieur Despréaux ne la perdit jamais de vue ; et lorsque pour la venger de tant de mauvais livres, où elle était cruellement maltraitée, il entreprit de faire des satires, elle lui apprit à éviter les excès de ceux qui en avaient fait avant lui [...] Il osa le premier faire voir aux hommes une satire sage et modeste. Il ne l'orna que de ces grâces austères, qui sont celles de la vertu même ; et travaillant sans cesse à rendre sa vie encore plus pure que ses écrits, il fit voir que l'amour du Vrai conduit par la Raison, ne fait pas moins l'homme de bien que l'excellent Poète.

Incapable de déguisement dans ses mœurs, comme d'affectation dans ses ouvrages, il s'est toujours montré tel qu'il était ; aimant mieux, disait-il, laisser voir de véritables défauts, que de les couvrir par de fausses vertus.

Tout ce qui choquait la Raison ou la Vérité, excitait en lui un chagrin, dont il n'était pas maître, et auquel peut-être sommes-nous redevables de ses plus ingénieuses compositions. Mais en attaquant les défauts des écrivains, il a toujours épargné leurs personnes.

(*Réponse au discours de réception à l'Académie de l'abbé d'Estrées,* 25 juin 1711, *in Recueil des discours prononcés à l'Académie,* Paris, 1711, p. 16 sqq.)

VII

Desmaizeaux

M. Despréaux n'avait pas cette fougue d'imagination qu'on remarque en d'autres poètes ; il paraît au contraire un peu sec ; et il lui est arrivé quelquefois de répéter la même pensée. Mais ce qu'il perdait du côté de l'Imagination, il le regagnait amplement par l'ordre et la justesse des pensées ; par la pureté du style ; par la beauté du tour ; et par la netteté de l'expression : qualités bien plus estimables que la première, et qui ne l'accompagnent que rarement. On voit néanmoins par le poème du *Lutrin* qu'il avait l'Imagination belle, vive et féconde. Cela paraît encore de ce qu'il composait presque toujours de mémoire, et ne mettait ses productions sur le papier que lorsqu'il les voulait donner au public.

Il travaillait beaucoup ses ouvrages, comme il l'insinue lui-même dans sa dernière préface. Quelque facilité qu'il y ait dans ses vers, on ne laisse pas de sentir qu'ils lui ont coûté beaucoup, et que ce n'est qu'à force de les retoucher qu'il leur a donné cet air libre et naturel, qui en fait la principale beauté. Les pièces de poésie qu'il a publiées depuis l'*Ode sur Namur* ne sont ni si vives, ni si exactes que celles qui avaient paru avant ce temps-là : et il y en a même quelques unes qu'on souhaiterait qu'il n'eût pas faites. Mais lorsqu'on a été long-temps en possession des justes applaudissements du public, il est bien difficile de ne pas se persuader qu'on pourra toujours lui plaire. On se flatte que quelque changement qui puisse arriver au corps, l'esprit conservera toujours sa force, et le goût sa délicatesse.

(*Vie de M. Boileau-Despréaux*, Amsterdam, 1712, p. 388-389.)

VIII

Voltaire

Quand j'ai dit que les satires de Boileau n'étaient pas ses meilleures pièces, je n'ai pas prétendu pour cela qu'elles fussent mauvaises. C'est la première manière de ce grand peintre, fort inférieure à la vérité à la seconde, mais très supérieure à celle de tous les écrivains de son temps, si vous en exceptez M. Racine. Je regarde ces deux grands hommes comme les seuls qui aient eu un pinceau correct, qui aient toujours employé des couleurs vives, et copié fidèlement la nature. Ce qui m'a toujours charmé dans leur style, c'est qu'ils ont dit ce qu'ils voulaient dire, et que jamais leurs pensées n'ont rien coûté à l'harmonie ni à la pureté du langage [...] La Motte et ses consorts faisaient tout ce qu'ils pouvaient pour rabaisser Despréaux, auquel ils ne pouvaient s'égaler. Il y a encore, à ce que j'entends dire, quelques-uns de ces beaux esprits subalternes qui passent leur vie dans les cafés, lesquels font à la mémoire de M. Despréaux le même honneur que les Chapelains faisaient à ses écrits de son vivant. Ils en disent du mal, parce qu'ils sentent que si M. Despréaux les eût connus, il les aurait méprisés autant qu'ils méritent de l'être. Je serais très fâché que ces messieurs crussent que je pense comme eux, parce que je fais une grande différence entre ses premières satires et ses autres ouvrages.

(Lettre à Brossette, 14 avril 1732, *in Correspondance*, « Bibliothèque de la Pléiade », t. I, p. 296.)

IX

Voltaire

Là régnait Despréaux, leur maître en l'art d'écrire,
Lui qu'arma la raison des traits de la satire,
Qui, donnant le précepte et l'exemple à la fois,
Établit d'Apollon les rigoureuses lois.
Il revoit ses enfants avec un œil sévère :
De la triste *Équivoque* il rougit d'être père,
Et rit des traits manqués du pinceau faible et dur
Dont il défigura le vainqueur de Namur.
Lui-même il les efface, et semble encor nous dire :
Ou sachez vous connaître, ou gardez-vous d'écrire.

Despréaux, par un ordre exprès du dieu du Goût, se réconci-
liait avec Quinault, qui est le poète des grâces, comme Despréaux est le poète de la raison.

Mais le sévère satirique
Embrassait encore, en grondant,
Cet aimable et tendre lyrique
Qui lui pardonnait en riant.

Je ne me réconcilie point avec vous, disait Despréaux que vous
ne conveniez qu'il y a bien des fadeurs dans ces opéras si
agréables. — Cela peut bien être, dit Quinault ; mais avouez
aussi que vous n'eussiez jamais fait *Atys* ni *Armide*...

Dans vos scrupuleuses beautés
Soyez vrai, précis, raisonnable ;
Que vos écrits soient respectés ;
Mais permettez-moi d'être aimable.

(*Le Temple du goût,* 1733, lignes 793-818, *in* éd. Carcassonne, 1938,
p. 141-142.)

X

Voltaire

M. Despréaux le loue [il s'agit de Voiture], mais c'est dans
ses premières satires ; c'est dans le temps où le goût de Despréaux n'était pas encore formé : il était jeune, et dans l'âge
où l'on juge des hommes par la réputation, et non pas par
eux-mêmes. D'ailleurs, Despréaux était souvent bien injuste
dans ses louanges et dans ses censures. Il louait Segrais, que
personne ne lit ; il insultait Quinault, que tout le monde sait
par cœur ; et il ne dit rien de La Fontaine.

(*Lettres philosophiques,* XXI, 1734, *in* éd. Naves, 1939, p. 121-122.)

XI

Vauvenargues

Boileau ne s'est pas contenté de mettre de la vérité et de la poésie dans ses ouvrages, il a enseigné son art aux autres. Il a éclairé tout son siècle ; il en a banni le faux goût, autant qu'il est permis de le bannir de chez les hommes. Il fallait qu'il fût né avec un génie bien singulier pour échapper, comme il a fait, aux mauvais exemples de ses contemporains, et pour leur imposer ses propres lois. Ceux qui bornent le mérite de sa poésie à l'art et à l'exactitude de sa versification ne font pas peut-être attention que ses vers sont pleins de pensées, de vivacité, de saillies, et même d'invention de style. Admirable dans la justesse, dans la solidité et la méthode de ses idées, il a su conserver ces caractères dans ses expressions, sans perdre de son feu et de sa force : ce qui témoigne incontestablement un grand talent [...]

Si l'on est donc fondé à reprocher quelque défaut à Boileau, ce n'est pas, à ce qu'il me semble, le défaut de génie. C'est au contraire d'avoir eu plus de génie que d'étendue ou de profondeur d'esprit, plus de feu et de vérité que d'élévation et de délicatesse, plus de solidité et de sel dans la critique que de finesse ou de gaieté, et plus d'agrément que de grâce. On l'attaque encore sur quelques-uns de ses jugements qui semblent injustes, et je ne prétends pas qu'il fût infaillible.

(*Réflexions critiques sur quelques poètes*, 1746, *in Œuvres complètes*, éd. H. Bonnier, 1968, p. 148-149.)

XII

Joseph Warton

Me pardonnera-t-on d'affirmer qu'à mon avis, *l'Art poétique* de Boileau est le meilleur art poétique existant ? La brièveté de ses préceptes, qu'animent des images appropriées, la justesse de ses métaphores, l'harmonie de ses cadences (pour autant que s'y prête l'alexandrin), l'exactitude de sa méthode, la perspi-

cacité de ses remarques et l'énergie de son style, autant d'éléments à retenir, et qui peuvent faire croire que mon opinion
n'est pas déraisonnable. On a du mal à croire tout ce qui peut
tenir dans ces quatre petits chants. Qui les a bien assimilés ne
saurait passer pour ignorant de n'importe quelle règle importante en poésie. L'histoire du médecin devenu architecte, au
chant IV, est narrée avec beaucoup d'agrément. C'est à cette
œuvre que Boileau doit l'immortalité ; c'est une œuvre qui a
rendu les plus grands services à son pays, en répandant la recti-
tude de pensée et en bannissant toute espèce d'esprit faux,
en introduisant partout le goût qu'avaient les anciens pour la
simplicité virile : ces anciens dont les écrits avaient permis au
poète de former son propre goût.

(*Essay on Pope,* 1756, cité par Clark, *Boileau and the French Classical
Critics in England,* p. 60, traduction R. Zuber.)

XIII

Marmontel

Mais ce Boileau, juge passionné,
N'en est pas moins législateur habile,
Aux lents efforts d'un travail obstiné
Il fait céder la nature indocile ;
Dans un terrain sauvage, abandonné,
À pas tardifs trace un sillon fertile ;
Et son vers froid, mais poli, bien tourné,
À force d'art rendu simple et facile,
Ressemble au trait d'un or pur et ductile,
Par la filière en glissant façonné.
Que ne peut point une étude constante ?
Sans feu, sans verve et sans fécondité,
Boileau copie ; on dirait qu'il invente.
Comme un miroir il a tout répété.
Mais l'art jamais n'a su peindre la flamme :
Le sentiment est le seul don de l'âme
Que le travail n'a jamais imité.

J'entends Boileau monter sa voix flexible
À tous les tons, ingénieux flatteur,
Peintre correct, bon plaisant, fin moqueur,
Même léger dans sa gaieté pénible ;
Mais je ne vois jamais Boileau sensible,
Jamais un vers n'est parti de son cœur.

(*Les Charmes de l'étude, épître aux poètes*, 1760, p. 17-18, cité par J. Miller, *Boileau en France au XVIIIe*, p. 175-176.)

XIV

Voltaire

Louis avait du goût, Louis aimait la gloire :
Il voulut que la Muse assurât sa mémoire ;
Et, satirique heureux, par ton prince avoué,
Tu pus censurer tout, pourvu qu'il fût loué.
Bientôt les courtisans, ces singes de leur maître,
Surent tes vers par cœur, et crurent s'y connaître.
On admira dans toi jusqu'au style un peu dur
Dont tu défiguras le vainqueur de Namur :
Et sur l'amour de Dieu ta triste psalmodie,
Du haineux janséniste en son temps applaudie ;
Et l'Équivoque même, enfant plus ténébreux,
D'un père sans vigueur avorton malheureux.
Des Muses dans ce temps, au pied du trône assises,
On aimait les talents, on passait les sottises.
Un maudit Écossais, chassé de son pays,
Vint tout changer en France, et gâta nos esprits.
....
....
Plus de goût, plus d'esprit : la sombre arithmétique
Succéda dans Paris à ton *Art poétique*.

(*Épître à Boileau*, 1769, vers 19-40, *in Œuvres poétiques de Boileau*, éd. F. Brunetière, 1922, p. 311-312.)

XV

Sabatier de Castres

Depuis quelques années, il est du bon ton dans la littérature de déprécier un poète qui a rendu les plus grands services aux lettres, au goût, à la langue et aux mœurs, un poète estimé par excellence chez toutes les nations de l'Europe, et nommé par distinction le *poète français*. M. de Voltaire est le premier qui ait donné aux Pygmées de la littérature le signal pour combattre cet Encelade. Il avait ses raisons sans doute, Despréaux est en possession de la cime du Parnasse, pour y donner des lois, et il ne fallait rien moins qu'une confédération pour le chasser de son domaine et se mettre à sa place. Mais qu'est-ce qu'une armée de myrmidons contre un redoutable géant ? L'Homme-Montagne n'a besoin que de se secouer pour renverser tous les Lilliputiens. Ils ont beau s'écrier d'un fausset philosophique, qu'il n'a fait que copier Horace et Juvénal, qu'il n'est tout au plus qu'un bon versificateur, qu'il ne connut jamais le sentiment, que ses idées sont froides et communes, qu'il n'est pas enluminé comme eux, qu'il n'a qu'un ton, qu'une manière ; ils ont beau s'applaudir entre eux [...], la voix noble et ferme de Stentor suffira pour leur imposer silence [...] Qu'on ne l'accuse point de malignité : il est si naturel à un esprit droit et juste, à un cœur ferme et généreux, d'éprouver les impressions du dépit à la vue des usurpations journalières.

(*Les Trois Siècles de notre littérature,* 1772, cité par J. Miller, *Boileau en France au XVIIIe,* p. 279-280.)

XVI

D'Alembert

[Boileau] fit ses belles *Épîtres,* où il a su entremêler à des louanges finement exprimées, des préceptes de littérature et de morale rendus avec la vérité la plus frappante et la précision la plus heureuse ; son *Lutrin,* où avec si peu de matière il a répandu tant de variété, de mouvement et de grâce ; enfin son

Art poétique, qui est dans notre langue le code du bon goût, comme celui d'Horace l'est en latin ; supérieur même à celui d'Horace, non seulement par l'ordre si nécessaire et si parfait, que le poète français a mis dans son ouvrage, [...] mais surtout parce que Despréaux a su faire passer dans ses vers les beautés propres à chaque genre dont il donne les règles [...]

Nous n'examinerons point si l'auteur de ces chefs-d'œuvre mérite le titre d'homme de génie, qu'il se donnait sans façon à lui-même, et que dans ces derniers temps quelques écrivains lui ont peut-être injustement refusé : car n'est-ce pas avoir droit à ce titre, que d'avoir su exprimer en vers harmonieux, pleins de force et d'élégance, les oracles de la raison et du bon goût, et surtout d'avoir connu et développé le premier, en joignant l'exemple au précepte, l'art si difficile, et jusqu'alors si peu connu, de la versification française ?

(*Éloges lus dans les séances publiques de l'Académie française,* 1779, cité par J. Miller, *Boileau en France au XVIIIe,* p. 165-166.)

XVII

Fontanes

On s'est plaint de ne point trouver dans ses écrits l'expression du sentiment : mais était-elle nécessaire aux genres qu'il a choisis ? Il mérite de nouveaux éloges pour s'être renfermé dans les bornes de son talent : tant de bons écrivains ont eu la faiblesse d'en sortir ! Il emploie toujours le degré de verve nécessaire à son sujet. Pourquoi donc l'a-t-on accusé de froideur ? Les jeunes gens qui aiment l'exagération lui ont fait souvent ce reproche. Plusieurs ont à expier des jugements précipités sur ce législateur du goût : heureux ceux qui se désabusent de bonne heure !

On ne peut guère exiger qu'il s'élevât au-dessus des idées de son siècle ; les siennes ne sont point inférieures à celles des moralistes ses contemporains, si l'on excepte La Fontaine et Molière. Combien de vers des *Épîtres* à Lamoignon, à Guilleragues, à Seignelay, sont devenus proverbes et se répètent tous

les jours : il faut bien qu'ils n'expriment pas des vérités tri-
viales [...] Cependant il faut avouer que Despréaux n'avait
pas toutes les parties du talent que suppose l'*Essai sur l'homme*.
On peut comparer ses vers à ceux de Pope, mais non pas ses
idées qui soutiendraient peut-être le parallèle, s'il écrivait aujourd'hui.

(*Discours préliminaire de la traduction de l'Essai sur l'homme de Pope*,
1783, cité par J. Miller, *Boileau en France au XVIIIe*, p. 393.)

XVIII

Sébastien Mercier

Que tu es petit, ô Boileau ! que tu me parais sec, froid, minu-
tieux ! Tes épîtres morales n'ont point de morale ; tes satires
sont empruntées des satires anciennes : tu as copié servilement
leur malignité, à l'exception de quelques injures personnelles
qui sont de ton cru. Ton *Art poétique* n'enflammera jamais
aucun écrivain ; c'est l'art du rimeur, et non celui du poète.
La composition originale d'Young en dit plus que toi en
quelques pages : ton *Lutrin* est une agréable fadaise fort bien
versifiée, mais que signifie ton *Lutrin ?*

Tu me gèles avec ton exactitude monotone : je ne vois ni
élévation, ni grâce, ni sentiment, dans tout ce que tu as produit. Sois un poète grammairien, j'y consens.

[...] J'ai toujours dédaigné dans tes écrits ce ton préceptoral
que tu t'arrogeais ; j'ai toujours ri de ta prétendue mission de
venger le goût. Tu n'es, à mes yeux, tantôt qu'un adroit plagiaire, tantôt qu'un pédant gonflé d'auteurs latins.

(*Mon bonnet de nuit*, 1784, cité par J. Miller, *Boileau en France au
XVIIIe*, p. 403-407.)

XIX

Daunou

Des idées saines et des opinions franches, de la dignité dans l'esprit et dans les mœurs, c'est bien assez de philosophie pour un poète [...] Boileau dans un temps où le cartésianisme était avec le jansénisme la plus haute lumière et la plus forte audace des meilleurs esprits, se montra le défenseur de la philosophie cartésienne, et l'ami des jansénistes beaucoup plus que leur disciple [...] Ne parlons pas de certains vers qui se font distinguer dans ses poèmes par leur hardiesse énergique, et qui, soixante ans plus tard, auraient paru téméraires. Si l'auteur de l'*Arrêt burlesque* et du *Lutrin,* de la cinquième satire et de la huitième ; si le poète qui a jugé si rigoureusement Alexandre, et si équitablement les jésuites, n'a pas été un philosophe, quel est donc, après Montaigne et Molière, l'écrivain célèbre qui aura mérité en France, avant 1700, ce titre vénérable ?

(*Discours préliminaire aux Œuvres complètes de Boileau,* 1809, cité par J. Miller, *Boileau en France au XVIIIe*, p. 537.)

XX

Alexandre Guiraud

[...] Nous n'avons pas oublié que ce Despréaux qu'invoquent aujourd'hui, avec si peu de rancune, tant de Cotins et de Pradons, vengea *le Cid,* de Scudéry et des censures académiques, protégea hautement *Britannicus* dédaigné, et devina, avant la postérité, toute la sublimité d'*Athalie*. Son goût pur et éprouvé, que blessait toute affectation, a souvent été dénaturé depuis par ceux qui s'en prétendaient les légataires les plus directs ; pour nous, certains comme nous le sommes, que ce régulateur suprême des Lettres françaises, qui frappait de ridicule les « Catons galans », et les « Brutus damerets », eût condamné toutes les faussetés philosophiques du dix-huitième siècle, toutes les faussetés prétentieuses du nôtre, nous aimons à proclamer hautement après lui qu'il n'y a de beau et de bon en littérature, et surtout en poésie, que ce qui est vrai.

(« Nos doctrines », *la Muse française,* janvier 1824, *in*   éd. Marsan, 1913, t. II, p. 3-4.)

XXI

Sainte-Beuve

Ce n'est pas du tout un poète, si l'on réserve ce titre aux êtres fortement doués d'imagination et d'âme : son *Lutrin* toutefois nous révèle un talent capable d'invention, et surtout des beautés pittoresques de détail. Boileau, selon nous, est un esprit sensé et fin, poli et mordant, peu fécond ; d'une agréable brusquerie ; religieux observateur du vrai goût ; bon écrivain en vers ; d'une correction savante, d'un enjouement ingénieux ; l'oracle de la cour et des lettrés d'alors ; tel qu'il fallait pour plaire à la fois à Patru et à M. de Bussy, à M. Daguesseau et à Mme de Sévigné, à M. Arnauld et à Mme de Maintenon, pour imposer aux jeunes courtisans, pour agréer aux vieux, pour être estimé de tous, honnête homme et d'un mérite solide. C'est le *poète-auteur,* sachant converser et vivre, mais véridique, irascible à l'idée du faux, prenant feu pour le juste, et arrivant quelquefois par sentiment d'équité littéraire à une sorte d'attendrissement moral et de rayonnement lumineux, comme dans son *Épître à Racine.* Celui-ci représente très bien le côté tendre et passionné de Louis XIV et de sa cour ; Boileau en représente non moins parfaitement la gravité soutenue, le bon sens relevé de noblesse, l'ordre décent. La littérature et la poétique de Boileau sont merveilleusement d'accord avec la religion, la philosophie, l'économie politique, la stratégie et tous les arts du temps : c'est le même mélange de sens droit et d'insuffisance, de vues provisoirement justes, mais peu décisives.

(*Revue de Paris,* avril 1829, recueilli *in Portraits littéraires,* « Bibliothèque de la Pléiade », t. I, p. 666.)

XXII

Sainte-Beuve

Si le même conseil préside aux beaux ouvrages,
La forme du talent varie avec les âges,
Et c'est un nouvel art que dans le goût présent
D'offrir l'éternel fond antique et renaissant.
Tu l'aurais su, Boileau ! Toi dont la ferme idée
Fut toujours de justesse et d'à-propos guidée,
Qui d'abord épuras le beau règne où tu vins,
Comment aurais-tu fait dans nos jours incertains ?
J'aime ces questions, cette vue inquiète,
Audace du critique et presque du poète.
Prudent roi des rimeurs, il t'aurait bien fallu
Sortir chez nous du cercle où ta raison s'est plu.

....

....

Mais aujourd'hui laissons tout sujet de satire ;
À Bâville aussi bien on t'en eût vu sourire,
Et tu tâchais plutôt d'en détourner le cours,
Avide d'ennoblir tes tranquilles discours,
De chercher, tu l'as dit, sous quelque frais ombrage,
Comme en un Tusculum, les entretiens du sage,
Un concert de vertu, d'éloquence et d'honneur,
Et quel vrai but conduit l'honnête homme au bonheur.

(*La Fontaine de Boileau,* 1843, *in Portraits littéraires,* « Bibliothèque de la Pléiade », t. I, p. 674-675.)

XXIII

Renan

[Sur la *satire X*] Encore, comme dans la satire de l'homme, un de ces lieux communs exagérés, qui sont fort du goût de Boileau. Facile de dire tout cela quand on n'y croit pas ; si on y croyait, ce serait autre chose. En vérité, je le répète, Boileau est d'un insupportable mauvais goût, toutes les fois en un mot qu'il traite un sujet théorique. Ton hyperbolique maladroit. L'homme qui ne sait pas être intéressant par le vrai, qui croit ne pouvoir intéresser que par le paradoxe exagéré [...] Les sujets, le fond des choses n'étaient rien pour cet homme ; faire de bons vers était tout.

[Sur l'*épître III*] Maintenant la source de nos maux, c'est la mauvaise honte. Tout à l'heure, c'était l'équivoque. Pauvre esprit ! — Et comme de juste, c'est le respect humain qui perdit Adam. Sottes manières de parler. — Puis tous les vices qui en sortent. Ah ! qu'il est sot ! Je le répète. Il a manqué tous les sujets moraux. Et quels détours pour rattacher l'avarice par exemple au respect humain !

[Conclusion] Singulier homme ! Il est type réellement, type de la littérature heureuse, mais tout artificielle. Je ne puis prendre au sérieux un seul de ses moyens poétiques, j'en ris même, et je doute même que jamais il les prît au sérieux (c'est sensible en ses lettres), et en passant, voilà pourquoi ils plaisent tant dans *le Lutrin*. Un homme qui n'est jamais vrai et sérieux, et qui plaît pourtant.

(Notes manuscrites, vers 1845-1846, publiées par G. Guisan, *in Étude de lettres,* Faculté des lettres de Lausanne, avril-juin 1960, p. 87, 88, 90.)

XXIV

Cesare Cantù

Sa muse ne palpite jamais sous l'influence des sentiments ; elle raisonne, elle raille, elle soigne la périphrase ; mais elle n'a jamais ni pitié, ni tendresse, ni générosité. Elle fait sourire, admirer par moments ; jamais elle n'émeut. L'art de Boileau consiste dans les détails ; il procède de paragraphe en para-graphe, bond par bond, sans liaison de l'un à l'autre ; et à chaque fin de phrase on trouve un repos non seulement du vers, mais du sentiment ; c'est, pour ainsi dire, une inspiration asthmatique [...] Il s'inspire si peu de la nature qu'il *trouve au coin d'un bois le mot qui l'avait fui* ; la cadence, la rime, la

césure viennent le tourmenter sous l'ombrage des forêts [...]
Boileau représente donc le sens commun sans grandeur, ce qui
le rend propre à la satire et aux préceptes [...] Boileau, en
faisant surtout appel au bon sens, réduisit la poésie à ce ton
uniforme que d'autres louent chez lui [...] Tyrannique dans les
sentences qu'il porte, parfois capricieux dans ses préceptes, il
nous enseigne à faire le second vers avant le premier, afin
qu'il n'y paraisse pas rajusté. Sa critique toujours négative
signale les défauts, prévient les erreurs ; mais il ne sent pas
profondément et il ne réchauffe pas l'imagination. Une rime
heureuse le touche plus qu'une pensée élevée, et il substitue la
plaisanterie au sentiment du beau. Plus régulier qu'Horace, il
est bien loin de lui pour la sûreté des transitions. Horace
semble rire en se jouant, tandis qu'on sent le travail chez
Boileau ; on sent même la partialité.

(*Histoire universelle,* trad. française É. Aroux et P. Leopardi, 1848,
t. XVI, p. 251-253, cité par G. Maugain, *Boileau et l'Italie,* p. 73-74.)

XXV

Sainte-Beuve

L'œuvre de Boileau, ce fut, non pas de revenir à Malherbe
déjà bien lointain, mais de faire subir à la poésie française une
réforme du même genre que celle que Pascal avait faite dans
la prose. C'est de Pascal surtout et avant tout que me paraît
relever Boileau ; on peut dire qu'il est né littérairement des
Provinciales. Le dessein critique et poétique de Boileau se défi-
nirait très bien en ces termes : amener et élever la poésie
française qui, sauf deux ou trois noms, allait à l'aventure et
était en décadence, l'amener à ce niveau où *les Provinciales*
avaient fixé la prose, et maintenir pourtant les limites exactes
et les distinctions des deux genres. Pascal s'était moqué de
la poésie et de ces oripeaux convenus, *siècle d'or, merveille de
nos jours, fatal laurier, bel astre* : « Et on appelle ce jargon,
disait-il, beauté poétique ! » Il s'agissait pour Boileau de rendre
désormais la poésie respectable aux Pascals eux-mêmes, et de
n'y rien souffrir qu'un bon jugement réprouvât.

[...] Boileau comprit et fit comprendre à ses amis que « des vers admirables n'autorisaient point à négliger ceux qui les devaient environner ». Telle est son œuvre littéraire dans sa vraie définition.

(*Le Moniteur,* 27 septembre 1852, *in Causeries du lundi,* t. VI, p. 500-501.)

XXVI

Brunetière

C'est ce que je veux dire, en insistant d'abord sur ce fait que Boileau est un bourgeois de Paris, qu'il l'est de naissance et d'éducation ; qu'il l'est d'instinct et de goût ; qu'il en a l'humeur indépendante et brusque, volontiers satirique, la défiance innée de tout ce qui n'est pas clair — dût-il d'ailleurs être superficiel — la philosophie sommaire, une certaine étroitesse d'esprit, beaucoup de confiance en lui-même, dans la sûreté de son goût ; et enfin cette franchise un peu rude qui est la probité du critique. Défauts et qualités, mêlés et compensés, je ne sache pas dans l'histoire de notre littérature, je n'y trouve point de modèle plus complet, plus original et plus ressemblant de l'esprit bourgeois.

Rien de plus naturel si cette indépendance d'esprit, aidée du goût de la raillerie, commence par l'induire en satire : c'est la première époque de sa vie littéraire [...]

C'est son humeur qui agit seule en lui. Il se venge en riant de l'ennui de ses lectures. Ou, en d'autres termes, il ne blâme ni ne loue par principe, mais d'instinct ; il a seulement le goût juste, le mot prompt, la main leste ; rien de pédant, ni de calculé, ni de réfléchi, mais l'insolence heureuse de la jeunesse, au service du bon sens et de l'honnêteté littéraire. Cependant, il ne tarde pas à s'apercevoir que cela ne saurait suffire ; il cherche la règle de ses jugements, il la trouve, il la traduit dans ses *Épîtres* et dans les vers de son *Art poétique* : c'est la seconde époque de sa vie littéraire [...]

Or, il n'a pas plus tôt commencé de réfléchir, qu'il s'aperçoit que tous ceux qu'il attaquait, sans en bien savoir le pourquoi, c'est que, d'une manière ou d'une autre, ils s'éloignent de la nature.

(*L'Évolution de la critique,* 1889, Hachette, p. 93-95.)

XXVII

Lanson

L'imitation des anciens fournit à Boileau le moyen de transformer en forme d'art l'observation de la nature. Elle l'aide à éviter l'écueil du positivisme littéraire, qui est la négation et la suppression de l'art. C'est là que conduisait le rationalisme cartésien, qui, traitant *scientifiquement* la poésie, devait méconnaître la nature et la valeur de la forme poétique : n'y voyant que les *signes* des idées, il n'y exige que la clarté et la justesse, il la réduit à un système d'abstractions. Grâce aux modèles anciens, qu'il eut le mérite de comprendre et de sentir comme *œuvres d'art,* Boileau maintint la notion de l'art dans la littérature.

À vrai dire, la transformation de son naturalisme scientifique en naturalisme esthétique ne se fit pas sans quelque peine. La soudure des deux doctrines n'est pas toujours très bien faite, et l'on sent un peu de difficulté à mettre partout d'accord la *vérité,* équivalent rationnel de la nature, avec la *vraisemblance,* qui en est l'expression artistique. Cependant on saisit sa pensée à travers l'insuffisance de l'expression : il faut la vérité, et il faut la vraisemblance ; la vraisemblance, c'est la vérité rendue sensible par une forme d'art.

On a souvent attaqué Boileau sur la part qu'il faisait à l'art. On lui a reproché d'étouffer l'imagination par des règles sévères : rien de plus indiscret et de plus faux [...] Si l'on n'est pas né poète, il ne faut pas faire de vers, et si l'on n'est pas né poète épique, il ne faut pas faire d'épopée. Cela dit, Boileau passe. Pourquoi ? parce qu'il n'y a pas d'enseignement qui donne le génie. Il s'adresse à ceux qui l'ont, et il va leur apprendre le *métier* [...] Jamais Boileau ne fut plus artiste que dans son estime de la *technique*.

(*Histoire de la littérature française,* 1894, Hachette, *in* 9ᵉ éd. 1906, p. 497-498.)

XXVIII

J. Fidao-Justiniani

On commence peut-être à soupçonner que celui qui disait : « Aimez donc la raison », entendait par ce dernier mot quelque chose d'assez particulier, qui n'était certes point ce qu'on appelle une froide raison. Boileau rompait les chiens, toutes les fois qu'un discoureur gelé lui voulait infliger ses « froids raisonnements ». Quelque usage, d'ailleurs, qu'on fît de sa raison, s'il n'y sentait quelque « fureur », il prétendait du moins que le fâcheux sentît la sienne ; et il avouait enfin, sans détour, qu'aux productions d'un esprit languissant il préférait la fougue et les saillies d'une aimable démence [...]

Ainsi, la règle, ou, pour mieux dire, la raison est l'assistante du génie sans doute ; mais elle est aussi son humble servante. Par elle-même, elle n'est rien ; elle est aussi stérile qu'impuissante. Pour être quelque chose, il faut que le génie l'informe et la féconde ; et pour travailler ou pour s'exercer utilement, elle a besoin des œuvres de génie, qui lui fournit la matière de ses préceptes. Au reste, elle n'entend rien au génie lui-même, si ce n'est qu'il est seul fécond, qu'il n'est pas de son ordre à elle et qu'il la passe. Si bien qu'enfin elle est obligée d'avouer que le génie, fût-il mal disposé à son égard et d'humeur à fronder ou à négliger ses préceptes, vaut encore plus qu'elle [...] Avoir du goût, ou l'avoir bon, c'est à coup sûr, être sensible à la raison ; mais celle-ci, nous l'avons vu, s'accommode fort bien de la médiocrité, ou même de la platitude. Avoir du goût, ou l'avoir bon, c'est donc d'abord, et avant tout, être sensible à ce mérite essentiel sans lequel il n'est point de vrai mérite, et qui s'appelle *force* ou *génie*. Mais parce que la règle est chose relative et n'est proprement rien si elle n'est la discipline

de la force, avoir du goût, ou l'avoir bon, c'est encore mettre
la règle au-dessous du génie, et c'est préférer le génie irrégulier
à la médiocrité correcte.

*(Qu'est-ce qu'un classique ? Essai de critique et d'histoire positive. Le
héros ou du génie,* Paris, Firmin-Didot, 1930, p. 277, 296, 314.)

XXIX
René Bray

Cet honnête homme fut un poète et un artiste. Les lacunes de
son tempérament poétique sont évidentes. Il manque d'imagination et se révèle incapable de la moindre création. Son sentiment de la nature est court [...] Il n'est pas lyrique [...] Il n'est
pas même psychologue [...] Il n'est pas un véritable moraliste,
faute d'une suffisante connaissance de l'homme et par manque
d'intérêt pour tout système moral ; il est pourvu d'un sûr instinct, et c'est tout. Ce n'est pas non plus ce qu'on appelle un
penseur : il n'a apporté aucune idée vraiment originale en
philosophie, en morale, ni en esthétique. Il n'est pas logicien ;
il admirait Nicole, sans gagner à sa lecture l'aptitude à raisonner ; il ne sait que sautiller d'une idée à une autre. Il n'est
pas davantage orateur ; il n'a ni flamme ni élan ; il n'entraîne
pas son lecteur avec assez de véhémence et de continuité ;
il compose par fragments.

Et pourtant son talent est incontestable. C'est un poète réaliste
d'abord et essentiellement. On a pu, sans faire sourire, comparer l'auteur du *Repas ridicule,* des *Embarras de Paris,* du
Lutrin et de la *Satire sur les femmes* au Baudelaire des *Tableaux parisiens.* Ces poèmes contiennent en effet quelques
scènes étonnantes de vérité et d'expression. Son réalisme s'o-
riente généralement vers les petites choses, les objets insigni-
fiants et la vie de tous les jours [...]

C'est aussi un poète satirique. D'un bout à l'autre de sa carrière, il fut susceptible de s'indigner contre ce qu'il voyait ou
entendait. Il a une verve, une certaine méchanceté, un manque
de scrupules qui donnent à ses traits le piquant nécessaire et

la rapidité. Les lacunes de son talent ne le gênent ni pour décrire ou raconter ni pour frapper. L'imagination, la psychologie et les idées ne pourraient qu'empâter le dessin de ses vers ; il ne lui faut d'autre sentiment que celui du réel et du laid ; il n'a pas besoin de logique, ni même vraiment d'éloquence.

Il aime la prouesse, et cela s'accorde bien avec un talent réaliste. Il se plaît à vaincre la difficulté. Il tâche de décrire le banal et le mesquin avec élégance, c'est-à-dire qu'il veut le faire entrer dans la poésie [...]

L'artiste n'est pas inférieur au poète en Boileau. Il sait manier le vers. Il l'appuie sur ses trois éléments traditionnels : la rime, le rythme, l'harmonie.

(*Boileau, l'homme et l'œuvre*, Paris, Boivin, 1942, p. 163-164.)

XXX

Daniel Mornet

Il a d'abord du goût, ce discernement qui, hors des principes, des raisonnements méthodiques, permet de discerner, par une sorte de choix immédiat, les œuvres de valeur de celles qui sont médiocres ou mauvaises. Ce goût est même, chez Boileau, une sorte de prodigieux génie que lui seul sans doute a possédé parmi tous les critiques français. Songeons qu'il s'applique à juger non des écrivains éloignés dans le temps, que la postérité a déjà triés, sur lesquels un accord général s'est fait, mais des écrivains contemporains, sur lesquels, nous le verrons, l'opinion était beaucoup plus divisée qu'on ne croit. Or, il ne s'est presque jamais trompé. Que l'on compare ces jugements de Boileau à ceux que Sainte-Beuve, Brunetière ou même Jules Lemaître et bien d'autres ont porté sur leurs contemporains, aux sottises (d'ailleurs à demi conscientes) de Sainte-Beuve sur Balzac, sur Hugo, ou même, moins gravement, sur Chateaubriand, Lamartine ; à celles de Brunetière sur Baudelaire, Verlaine ou même, moins lourdement, sur Flaubert ; et il faudra bien admirer l'étonnante sûreté des décisions de Boileau. Sans doute, il s'est trompé pleinement sur Ronsard et la poésie de la Renaissance ; et il est exagéré de dire qu'il y était obligé par l'opinion unanime de son temps ; Ronsard et la Pléiade avaient encore des admirateurs et des lecteurs ; mais ils se faisaient plus rares et la condamnation de Boileau était bien celle de l'opinion moyenne. Sans doute il a été injuste pour des écrivains tels que Quinault ou Saint-Amant. Il reconnaîtra lui-même en 1683 qu'il y a, chez Quinault, de l'esprit et de l'agré-ment, chez Saint-Amant (à qui il ajoute, avec trop de com-plaisance étudiée, Scudéry et Brébeuf) du « génie ». Il n'en reste pas moins que les défauts qu'il leur reproche sont restés pour nous des défauts éclatants. Sans doute, il a, pour Racan ou pour Voiture, une estime que nous pouvons juger exces-sive ; mais ses compliments ne sont faits qu'en passant. Sans doute enfin, il a, pour les pièces de Molière qui ne sont pas de la grande comédie, un dédain que partagent d'ailleurs La Bruyère, Fénelon et d'autres, mais qui nous paraît une grave erreur. Peu importe. Pour l'essentiel — et le cas est sans doute unique — Boileau a jugé comme la postérité.

(*Histoire de la littérature française classique*, Paris, A. Colin, 1942, p. 75.)

XXXI

Daniel Mornet

Boileau le premier (et sans doute après Horace) est un artiste scrupuleux, qui a le tact et le goût. Tous ses vers ne sont pas des chefs-d'œuvre ; tous ses développements n'ont pas la même couleur et le même esprit. Mais rien ou presque n'y est pesant, gris, confus. Toutes les lumières sont heureusement distribuées. Partout cette mesure et cet équilibre, qui l'ont si bien défendu contre deux des défauts du temps, l'outrance caricaturale et la subtilité. Il y a certes, et comme il convient dans la satire, de la caricature. Il n'est guère possible que le malheureux Parisien puisse en un jour se trouver mêlé à toutes les tragi-comédies qu'accumulent les *Embarras de Paris ;* ni que le pauvre et hon-nête Damon n'ait pu rencontrer que des hommes vils, des escrocs ou des fous. Mais toujours, l'exagération caricaturale reste discrète ; le plaisant n'y devient jamais le burlesque. De temps à autre, nous l'avons dit, il y a des ingéniosités de style où se trahit le goût précieux, mais elles sont rares. Presque toujours la pensée, l'imagination, le style sont robustes, francs, directs.

Et presque toujours l'art est extrêmement sûr dans sa sobriété. On peut préférer la verve plus copieuse, plus truculente de Régnier ; on peut goûter les portraits, les tableaux des satiriques que nous avons cités et d'autres. Mais le pittoresque de Boileau a pour lui cette qualité rare (et qui va devenir pour un siècle et, plus ou moins, pour tout l'avenir la marque du goût français) d'être aussi expressif en un vers ou en quelques vers que les autres en dix ou en vingt.

(*Nicolas Boileau*, Paris, Calmann-Lévy, 1942, p. 69-70. Autorisé par Calmann-Lévy, éditeur.)

XXXII

E. B. O. Borgerhoff

Voici en quels termes E. B. O. Borgerhoff conclut son étude de la *satire IX*, conduite autour de la notion d'ambiguïté (*duplicity*) :

Je veux insister sur le fait que, quelle que soit la qualité musicale du vers, quelle que soit sa « vérité », si nous refusons de la prendre uniquement comme communication, si au contraire nous prenons les vers ensemble, et si nous les laissons jouer entre eux, ils engendrent une impression générale de brillante aisance, d'habileté et de puissance imaginative. La participation du lecteur aux divers registres de leur ambiguïté laisse cette impression se former. L'ensemble de données préalables requises pour goûter ces poèmes est tel qu'ils se trouvent pratiquement rangés dans la catégorie de l'imaginaire. C'est seulement en prenant conscience de l'intention qu'a Boileau d'abandonner le plan de la réalité tangible, et même du sens commun, que nous pouvons le comprendre. C'est pourquoi —

quelle que puisse être la vérité qu'il révèle — l'acte de foi qui nous est demandé n'est spécifiquement ni moral, ni politique. C'est un acte de foi poétique.

Ceci nous amène à voir que le Boileau qui parle de la raison dans *l'Art poétique* n'est pas Boileau tout entier, et que *l'Art poétique* lui-même n'a de valeur que dans la mesure où il est un remarquable tour de force, très lisible et très agréable comme tel, mais d'une bien piètre utilité pour tout autre qu'un débutant, si l'on se borne à son apport critique. Ceci nous amène à voir aussi que le Boileau qui grave d'aussi fins croquis du monde qui l'entoure n'est pas non plus Boileau tout entier. Pris en entier, Boileau comprend le critique et le peintre de la société, mais ces activités ne sont que marginales. J'ai dit qu'un grand nombre de ses vers parlaient d'eux-mêmes. Je voudrais maintenant avancer cette évidence qu'un très grand nombre de ses vers parlent, implicitement ou explicitement, de *lui*-même. Un instant de réflexion suffit à nous rappeler cette vérité simple, que même ses jugements littéraires sont pour la plupart, et à coup sûr dans ses vers, hautement subjectifs, pour ne pas dire « émotionnels », ce qui leur donne la netteté et la vivacité d'une opinion purement personnelle. La satire pour Boileau — comme la fable pour La Fontaine — a été un ingénieux moyen de rester dans les règles du jeu littéraire, tout en s'exprimant avec liberté, à une époque qui a tant fait pour décourager le lyrisme.

S'il en est ainsi, l'ambiguïté entre directement dans la raison d'être même de la poésie, car, l'intention critique n'étant évidemment pas éliminée, nous pouvons voir en Boileau un merveilleux mélange d'objectifs souvent considérés à tort comme exclusifs l'un de l'autre : propagande, expression de soi et virtuosité technique. Et nous pouvons goûter chez lui *comme poétique* l'habile tissage des modes narratif, descriptif, démonstratif et expressif. En d'autres termes, la satire telle que Boileau l'a pratiquée, sous ce nom ou sous d'autres noms, n'est pas simple critique sociale ou littéraire ; elle est le libre jeu et l'interpénétration des objectifs et des modes que j'ai mentionnés. Dans ce concert, on peut entendre le duo baroque des règles et de l'instinct, ou, si l'on veut, de l'esprit et du cœur ; et la *vérité bien éclaircie* qui s'en dégage et qui du cœur de Boileau va atteindre celui du lecteur, en particulier dans la neuvième satire, ce n'est selon moi, ni la stupidité de Cotin, ni la vénalité des poètes de cour, ni même le risque et la dignité de la satire, mais bien plutôt le pouvoir et l'indépendance de l'artiste.

(« Boileau Satirist *animi gratia* », *The Romanic Review*, 1952, p. 254-255, traduction B. Beugnot et R. Zuber, revue par J. Brody.)

XXXIII

Antoine Adam

Toute l'interprétation traditionnelle de *l'Art poétique* repose sur une imposture continue, qui n'est point dans le texte, mais qui remonte aux commentaires d'un vieillard vaniteux.

À qui s'efforce de comprendre l'ouvrage de Boileau et d'en apprécier la juste valeur, il importe avant tout de se reporter aux études sur la poétique qui occupèrent, entre 1668 et 1674, le cercle des Lamoignon [...]

Lorsqu'on a compris la direction où le groupe de Lamoignon prétend ramener notre poésie, bien des idées qui nous semblent banales chez Fleury, chez Rapin, et après eux chez Boileau, prennent enfin une signification précise. Puisqu'il s'agit de retourner aux modèles antiques, *l'Art poétique* négligera, en principe au moins, les genres modernes que pratiquent les salons [...] Mais s'il professe la même doctrine que ses savants amis, comment ne pas voir que Despréaux les suit mal, et que leurs idées perdent chez lui une grande partie de leur force et de leur netteté ? Bien loin qu'il proclame avec une vigueur nouvelle et originale les purs principes de la littérature classique, on peut se demander dans quelle mesure il en comprend la portée... En fait, Boileau ne fait rien que noyer en des maximes insignifiantes la belle doctrine de Claude Fleury [...]

Depuis qu'il avait publié en 1674 sa traduction du *Traité du sublime* de Longin, il ne se lassait pas de revenir aux principes que le rhéteur grec avait opposés, disait-il, aux Perrault et aux Fontenelle de son temps. Il répétait que le vrai sublime peut être simple et naturel, et qu'il ne se confond pas avec la boursouflure et l'ingéniosité [...]

Lorsqu'on ignore les problèmes que se posaient alors les écrivains, on peut sourire de cet acharnement à défendre et à illustrer cette doctrine du « sublime ». Mais Boileau savait fort bien qu'il touchait là au nœud des controverses contemporaines. Il n'ignorait pas que les Modernes ne voyaient dans les enthousiasmes de l'inspiration que divagations et délires. Il n'oubliait pas cette moqueuse *Description de l'empire de la poésie* parue jadis dans *le Mercure galant* (1678) et qui était de Fontenelle. La haute poésie, disait celui-ci, est habitée par des gens graves, mélancoliques, renfrognés, qui parlent un langage aussi éloigné du bon sens que le bas breton l'est du français [...] En cette fin de vie, le vieil homme était, aux yeux de ses contemporains, le champion de la poésie dans un monde qui ne la tolérait plus.

(*Histoire de la littérature française au dix-septième siècle*, Paris, Éditions mondiales/del Duca t. III, 1952, p. 134-138 ; t. V, 1956, p. 76-77.)

XXXIV

Jules Brody

Après avoir cité un passage de la Xe *Réflexion critique* adressée à Leclerc (édition Boudhors, p. 172-173 ; édition de la Pléiade, p. 553 554) où Boileau réfute l'idée qu'un homme « ignorant et grossier » pourrait passer pour éloquent en rapportant une « grande chose », J. Brody le commente en ces termes :

Boileau a tenté ici d'établir le schéma des étapes intermédiaires entre la conception d'une pensée et son expression. Avant de mentionner n'importe quelle démarche particulière, il faut littéralement attendre une trouvaille initiale (« trouvera-t-il... aisément »). Seule, la rencontre des mots justes pose de nouveaux problèmes et suscite chez l'écrivain de nouvelles interrogations. Mais plutôt que de demander simplement « choisira-t-il, rejettera-t-il, dira-t-il, etc. », Boileau préfère exprimer cette variété de talents nécessaires par une série d'infinitifs, tous compléments d'un « saura-t-il ». Par ce moyen, il met l'accent sur la dépendance de chacun des modes successifs du travail de l'écrivain vis-à-vis d'une aptitude mentale prérequise et sous-jacente. Dans ce contexte, *savoir* implique une connaissance qui non seulement dépasse l'adresse limitée du grammairien, mais, chose plus importante, est assez large pour embrasser et réunir les notions de « génie », « esprit », « talent » grâce auxquelles Boileau avait établi plus tôt une distinction entre le sublime Moïse et l' « homme ignorant et grossier » dont parle Huet. Quelques pages plus loin, Boileau fait clairement apparaître que le *savoir* s'apparente également au *goût*. Si, même en traduction, le *Fiat lux* « frappe agréablement l'oreille de tout homme qui a quelque délicatesse et quelque goût », quel serait l'effet de ces paroles « si elles étaient prononcées dans leur langue originale, par une bouche qui les *sût* prononcer, et écoutées par des oreilles qui les sussent entendre [4] » ?

Nous venons, en fait, de décrire un cercle, qui nous ramène à notre point de départ. Car il semblerait que le *savoir,* qui selon les termes de Boileau gouverne une « nature » qui s'égare, à en juger du moins par les liens fonctionnels étroits qu'il entretient avec les mots « génie », « talent », « secret », et « goût », a beaucoup plus de rapport avec « nature » qu'avec « art ». En réunissant dans la notion unique de *savoir* les deux éléments de la dichotomie traditionnelle nature-jugement, Boileau réalise une réconciliation qui tend, on le soupçonne, au-delà du compromis ou de la fusion classique des deux termes, vers une *con*fusion plus fondamentale. Tout se passe comme si la tendance sous-jacente de Boileau était d'arracher les principes d'élan vital et de discipline à leur antagonisme historique pour les souder ensemble, sur un plan situé au-delà de la visée particulière à chacun d'eux, en une faculté unique et infaillible qui, dans la traduction, se manifeste comme « la parfaite habitude du Sublime » [...]

La contribution de loin la plus marquante aux études sur Boileau en notre siècle a été la destruction de la légende du *Législateur du Parnasse.* C'est parce qu'il semblait expliquer tant de choses que ce mythe a longtemps prospéré et, en un

---

4. P. 176 de l'édition Boudhors ; p. 556 de l'édition de la Pléiade.

sens, son abandon posait plus de problèmes qu'il n'en résolvait.
En attribuant à Boileau le mérite d'avoir discipliné le goût et
le métier de la plus brillante génération d'écrivains de son
temps, on donnait une direction et une unité commodes au
mouvement de la littérature française du dix-septième siècle ;
on fournissait en même temps au critique le plus célèbre de
cette époque une fonction et une influence en rapport avec sa
réputation. Mais quand il fut démontré que Boileau n'avait pu
régenter les *grands classiques* et, chose plus importante, que
presque chaque point de sa doctrine littéraire avait été élaboré
par des critiques antérieurs, il y eut fort à faire pour rebattre
les cartes. Le « génie » bien sûr expliquerait toujours le caractère unique de Molière et de Racine. Mais que faire d'un mo-
narque reconnu dont on s'aperçoit soudain que le royaume n'a
jamais existé ? [...]

Les pages précédentes ont tenté de restituer à Boileau les
deux qualités que les critiques lui refusent presque unanime-
ment : l'originalité et l'unité de pensée. La première se dé-
montre à partir d'un fait, la seconde à partir d'un postulat.
À proprement parler, c'est bien Boileau qui a donné le *Traité
du sublime* au monde, et son interprétation de l'objet de ce
traité a apporté à la tradition critique un incontestable enri-
chissement. Le postulat que cette étude a cherché à vérifier a
été jadis exprimé par Pascal : « Tout auteur a un sens auquel
tous les passages contraires s'accordent ou il n'a point de sens
du tout. » Y a-t-il en Boileau un principe psychologique auquel
on puisse faire remonter à la fois son attirance pour Longin
et sa propre position critique ?

La foi dans l'existence de cette *mens boleviana* trouvait appui
dans le fait que Boileau n'était point un de ces écrivains,
comme Montaigne ou Hugo, qui évoluent. Une grande partie
de sa préface de 1701 semble avoir été tirée de la *Dissertation
sur Joconde* (1664). Ses corrections aux notes de Le Verrier
révèlent des tendances qui se trouvent déjà dans la *satire II*
et dans *l'Art poétique*. La *Réflexion* n'ajoute pas une seule
idée nouvelle à la préface du *Traité du sublime*. Les variantes
de l'œuvre non plus ne présentent pas la moindre modification
significative. Boileau semble en être venu très tôt à un en-

semble de vues fondamentales qui se sont développées en intensité sans changer de but [...]

Le sublime de Longin, cette essence secrète qui captive l'attention, était pour Boileau « la souveraine perfection du discours ». Sa conception du génie et du style, son insistance sur le naturel et la simplicité, sa notion de la tragédie, et sa façon de traduire les Anciens, tout était calculé pour sauvegarder cette perfection et préserver, sans trouble, intenses et purs, les effets émotifs de l'art littéraire. Chaque élément dans la stratégie critique de Boileau, comme son attachement pour le sublime, est né de cet élan.

(*Boileau and Longinus*, Genève, Droz, 1958, p. 51-52, 141-142, traduction B. Beugnot et R. Zuber, revue par J. Brody.)

XXXV

Manuel de Diéguez

Boileau incarne une sorte de stratégie de l'instinct créateur de son siècle. Et du point de vue de la nécessité absolue de créer de l'écrivain, ce siècle apparaît comme un combat pour la conquête d'une esthétique...

Dans le cas de Boileau, il y a quelque chose de pathétique dans la méfiance et la crainte de soi-même que nous observons chez lui, parallèlement à une affirmation si batailleuse de soi. Il faut se méfier de ses propres sentiments, comparer, se juger du dehors, se voir par les yeux des autres. Boileau sait bien qu'il y a de grandes différences d'un homme à un autre, et même de soi à soi : il faut donc se garder d'abonder dans son propre sens, s'efforcer de demeurer en communication avec nos semblables, ne pas leur parler de nous-mêmes, mais d'eux, afin d'être bien sûrs de ne pas baptiser « raison » quelque chose que tous les hommes ne consentiraient pas à nommer « nature ». Seule la constance de l'opinion, en effet, nous assurera que nous sommes dans l'éternel et dans l'universel [...]

Dans la *Querelle des Anciens et des Modernes*, nous verrons cet étrange médium qu'est Boileau prendre de ces colères dont un psychanalyste verrait bien qu'elles trahissent une ambivalence : celle des sentiments et de cette raison qu'il brandit comme le totem d'un bourgeois opiniâtre, mais dont il sent bien qu'elle lui masque des abîmes. Car Boileau est un artiste : le prix qu'il attacha à la forme, sans parler de la qualité de ses vers, qu'on a injustement voulu rabaisser, le montrent plus grand qu'un critique. Où le bât le blesse, c'est sur la question de la *profondeur* de cette raison si éternelle, si universelle ; et il est extraordinaire pour son époque qu'il se soit posé la question de la portée de la raison. Il l'a fait naturellement, pour conclure que ce qu'il y a chez les Anciens de plus universel est aussi ce qu'il y a de plus profond et de plus intime. Mais il faut lire entre les lignes. Et je me demande si le critique Boileau n'a pas douté davantage sur ce point que Racine [...]

C'est surtout dans la *Querelle des Anciens et des Modernes* que Boileau se surpasse. Il y apparaît plus que jamais comme le témoin et, en quelque sorte, la pure conscience d'une littérature qui se crée. Dans les concessions mêmes qu'il fait à ses adversaires, il y a la noblesse d'un homme qui, oubliant son tempérament querelleur et bilieux, accepte de modifier certaines de ses idées, et force le respect [...]

Il est clair que pour Boileau, l'écrivain est un homme qui se trouve d'abord devant un problème de style. Lorsqu'il a trouvé le style de l'œuvre qu'il projette, la plupart des problèmes artistiques sont résolus, tellement ils sont comprimés, en quelque sorte, dans le problème de la forme. Ici, Boileau inaugure une critique *du point de vue de l'écrivain,* et c'est cela qui est moderne. Il n'étudie pas un auteur dans son contenu politique, historique ou religieux, mais dans ce qu'il a de propre en tant qu'écrivain, à savoir sa langue, comme on étudie un peintre dans son dessin et ses coloris, non sur les sujets politiques, historiques ou religieux de ses toiles. Certes, Boileau ne cherche pas encore Pindare dans Pindare, Horace dans Horace, mais la perfection de la langue dans un genre donné. Il croit qu'il existe une langue de l'épigramme, ou de l'ode, ou de la tragédie, et que le génie consiste à la trouver. C'est pourquoi il défend si mal Pindare contre Perrault. Mais l'important pour nous, c'est qu'il se place sur le terrain de la matière première de l'écrivain, de son métier, de son outil, c'est-à-dire de sa situation véritable en tant que créateur, et de la nécessité où il se trouve de créer une forme. Boileau court au plus pressé, il vole au secours des acquisitions formelles de Malherbe et de Racan, et c'était cela, précisément, qui était *esthétiquement nécessaire*. Le jour viendra où chaque écrivain portera son univers verbal particulier, et où l'on ne cherchera plus ce que la langue de Shakespeare et de Corneille ont de commun sous prétexte qu'ils ont « excellé » dans la tragédie, mais bien ce qu'ils ont de différent [...] [Boileau] a jeté les bases de l'originalité propre des littératures.

(*L'Écrivain et son langage*, Paris, Gallimard, 1960, p. 30-37, 40-43. Autorisé par les Éditions Gallimard.)

XXXVI

Pierre Clarac

Tracer de Boileau un portrait d'ensemble est chose malaisée. Sans doute son œuvre abonde-t-elle en apparentes confidences. Doctrinaire du classicisme et animé de sympathies jansénistes, il semblait avoir deux raisons au moins de juger le « moi haïssable » ; or jamais poète n'a tant parlé de lui. Mais, en réalité, il était très secret, et il s'est moins peint tel qu'il était que tel qu'il voulait paraître. En même temps, ses flatteurs et ses ennemis nous proposent de lui des images opposées et également fausses. Peu après sa mort, il devient, au sens propre, un « classique » : son œuvre est étudiée dans les classes. Voilà cet homme si vivant transformé en une allégorie de la Justice littéraire, pompeuse et vaine, comme celle qui passe à la fin de son *épître II,* « la balance à la main » [...]

Après tout, c'est la marque d'un écrivain de croire à ce qu'il écrit. On ne sent pas chez Boileau une grande profondeur de vie intérieure. Du moins, une passion a-t-elle dominé sa vie, une passion qui n'a cessé de croître à mesure qu'il vieillissait,

celle qu'il avait pour son art. Flaubert ne s'y est pas trompé :
il a su reconnaître dans « ce vieux croûton de Boileau » un
écrivain de sa race et de son rang.

(*Boileau,* Paris, Hatier, 1964, p. 165 et 172.)

Bibliographie[1]

On trouvera ici les références de tous les textes auxquels il est fait allusion dans les chapitres I à VIII ; pour le chapitre IX (État présent des études sur Boileau), il n'a pas paru nécessaire de reprendre les titres nouveaux qui y étaient mentionnés de façon suffisamment précise.

I. Sources bibliographiques

Voir le chapitre IX, section I et la note 1.

II. Le texte de Boileau

Aux éditions que mentionne la section II du chapitre IX, on ajoutera l'édition G. Mongrédien, publiée chez Garnier, qui reprend le texte de Gidel (1870) et l'édition récente publiée dans la collection « Garnier-Flammarion » (t. I : *Satires, le Lutrin*, préface de J. Vercruysse ; t. II :

---

1. Sigles employés : BN, Bibliothèque nationale, Paris ; RHL, Revue d'histoire littéraire de la France ; Magne, E. Magne, *Bibliographie générale des œuvres de Boileau,* Paris, 1929, t. II, *les Luttes de Boileau,* p. 121-306.

Épîtres, l'Art poétique, Œuvres diverses, préface de S. Menant). L'édition de P. Clarac des *Œuvres poétiques* (Paris, 1937) mérite encore d'être consultée pour ses notes et ses notices qui ébauchent un commentaire littéraire. Enfin, commodément accompagnée de la traduction de l'*Épître aux Pisons* d'Horace et d'une anthologie de la poésie préclassique, l'*Art poétique* a été publié dans la collection « 10/18 » avec une alerte préface de F. Mizrachi.

III. Au XVIIᵉ siècle [2]

ANONYMES, *Épître à Denis Talon,* 12 septembre 1669, *in les Continuateurs de Loret,* Paris, 1899, t. III.

—, « Instruction à Despréaux », Bibliothèque de l'Arsenal, ms. 5418, f° 221 (Magne, 302).

—, *Lettre à Bussy-Rabutin,* 12 janvier 1675, *in Correspondance* de Bussy-Rabutin, Paris, éd. L. Lalanne, 1858, lettre 788.

—, *le Sexe vengé par le sexe,* Paris, 1701.

—, *la Perfection des femmes,* Grenoble, 1711.

ADDISON, John, *The Spectator,* 1711.

ASSOUCY, Charles Coypeau d', *Aventures burlesques,* Paris, Garnier, 1876, chap. XII.

BAILLET, Adrien, *Jugemens des savans,* 1685, art. 1087.

BARBIN, Claude, *Nouvelles œuvres de Sarasin,* Paris, 1674, dédicace.

BAYLE, Pierre, *Dictionnaire historique et critique,* Amsterdam, 1740, t. I, art. Abelly ; t. II, art. Dassouci.

—, *Lettre du 2 octobre 1698, in Lettres,* 1729, t. II.

BELLEGARDE, Morvan de, *Lettres curieuses de littérature et de morale,* Paris, 1702.

BELLOCQ, Pierre de, *Lettre de Mme de N... à Mme la Marquise de... sur la satire de Despréaux contre les femmes,* Paris, 1694.

—, *Satire des petits maîtres,* Paris, 1694 [3].

BONNECORSE, Balthazar de, *le Lutrigot,* Marseille, 1686.

BOSSUET, *Traité de la concupiscence, in Œuvres posthumes,* Paris, 1721.

BOUHOURS, Dominique, *Pensées ingénieuses des anciens et des modernes,* Paris, 1689.

—, *Remarques nouvelles sur la langue française,* Paris, 1675.

BOURSAULT, Edme, *la Satire des satires,* Paris, J. Ribou, 1669.

---

2. Des extraits de plusieurs de ces textes sont cités dans M. HERVIER, *les Écrivains français jugés par leurs contemporains,* Paris, Delaplane, 1911, t. I, *le XVIᵉ et le XVIIᵉ siècles,* p. 400-442.

3. Ce texte est cité dans FLEURET et PERCEAU, *Satires françaises du XVIIᵉ siècle,* Paris, 1923, t. II.

BOURSAULT, Edme, *Lettres nouvelles,* Paris, Gosselin, 1709, t. II, p. 133-134, 219 ; t. III, p. 219-220.

BOYER, Claude, *Artaxerxe,* Paris, 1683, préface.

BRIENNE, comte de, *Censure de la lettre de Boileau au maréchal de Vivonne,* Bibliothèque de l'Arsenal, ms. 5171, f° 229 (Magne, 293).

BRILLON, P. J., *le Théophraste moderne,* Paris, 1699.

BROSSETTE, *Lettres à Boileau, in Lettres de Boileau à Brossette,* Paris, 1942.

BUSSY-RABUTIN, *Correspondance,* 6 vol., Paris, éd. L. Lalanne, 1858-1859.

—, *l'Amateur d'autographes,* 1903 (lettre au P. Rapin).

CALLIÈRES, François de, *Histoire poétique de la guerre nouvellement déclarée,* Paris, 1688.

CAREL DE SAINTE-GARDE, Jacques, *Défense des beaux esprits de ce temps,* Paris, 1675.

CHAULIEU, abbé de, *Épigramme* (Magne, 152 : collection personnelle).

CORAS, Jacques de, *le Satirique berné en prose et en vers,* Paris, 1668.

COTIN, Charles, *la Satire des satires,* s.l.n.d. [4]

—, *la Critique désintéressée sur les satires de ce temps* (1666), Paris, éd. Jacob, 1883 [5].

—, *Discours satyrique au cynique Despréaux,* BN ms. fr. 892 f° 68 sqq. (Magne, 138-144, qui l'attribue à Chapelain.)

CUREAU DE LA CHAMBRE, Martin, *Réponse au discours de réception de Boileau (1684), in Recueil des harangues prononcées à l'Académie,* Paris, 1698, p. 452-458.

DESMAIZEAUX, Pierre, *Vie de Boileau-Despréaux,* Amsterdam, 1711.

DESMARETS DE SAINT-SORLIN, Jean, *Défense du poème héroïque,* Paris, 1674.

DONNEAU DE VISÉ, Jean, *Nouvelles galantes,* Paris, 1669.

DU CERCEAU, Jean-Antoine, *Épigramme,* BN ms. fr. 12730 f° 5 (Magne, 274).

ESTRÉES, abbé d', *Discours de réception à l'Académie, in Recueil des discours prononcés à l'Académie,* Paris, 1711.

FÉNELON, *Dialogues sur l'éloquence,* 1684.

FONTENELLE, *Rencontre de Le Noble et de Boileau aux Champs-Élysées,* Paris, 1711.

GACON, François, *Épître à M. D... sur son dialogue ou satire X contre les femmes,* Lyon, 1694.

—, *Apologie pour Despréaux,* s.l., 1695 [6].

4. Ce texte est cité dans l'*Anthologie poétique française, XVIIᵉ siècle,* de M. Allem, Paris, Garnier-Flammarion, 1966, t. II.

5. Ce texte pose un problème d'attribution : les jugements portés sur *la Satire des satires* rendent difficile l'attribution au même auteur.

6. Ces textes de Gacon sont aussi publiés dans le tome I du *Recueil Moetjens,* 1694, qui réunit, souvent sans donner les noms des auteurs, plusieurs des textes polémiques dirigés contre Boileau.

GAMACHES, Fédéric de, *le Satirique français expirant ou les fautes du satirique français*, Cologne, 1689.

GOUSSAULT, Jacques, *Réflexions sur les défauts ordinaires des hommes*, Paris, 1672, chap. VIII.

GUÉRET, Gabriel, *la Promenade de Saint-Cloud* (1669), Paris, éd. G. Monval, 1888.

HENRY, Pierre, *le Pour et le contre du mariage. Le silence de Boileau sur la critique*, Lille, 1700.

HUET, Daniel, *Mémoires*, traduction Nisard, 1853, livre V, p. 216-217.

LA BRUYÈRE, *les Caractères*, 1688, chap. I, p. 69.

—, *Discours de réception à l'Académie*, 1693 et préface de 1694.

LA MONNOIE, Bernard de, *Apologie de Boileau ou Boileau Momus, in Poésies*, La Haye, 1716.

LENOBLE, Eustache, *Promenades*, 1705, 4ᵉ promenade.

LE PAYS, René, *Lettre sur les satires de Boileau, in Nouvelles œuvres*, Paris, 1672.

LINIÈRES, François Payot, *Critique sur le passage du Rhin de M. Despréaux. Lettre au sieur de Villars* ; épigramme, BN ms. na. fr. 22337 ; Bibliothèque de l'Arsenal ms. Conrart, t. IX. Textes publiés dans É. Magne, *Un ami de Cyrano de Bergerac, le chevalier de Ligières*, Paris, 1920.

LOMBERT, *Jugement, in* BN ms. na. fr. 4333 f° 245 (publié dans *RHL*, 1916, p. 221).

Mémoires de Trévoux, septembre 1703.

MARAIS, Mathieu, *Journal et mémoires*, 4 vol., Paris, 1863-1868.

MAUCROIX, François de, *Lettre du 23 mai 1695, in Lettres*, Paris, 1962.

MÉRÉ, « Divers propos », *RHL*, 1922, 1924, 1925.

MONTAUSIER, Charles de Sainte-Maure : ses jugements sont rapportés par Huet dans ses *Mémoires* et par Le Verrier dans ses notes sur les *Satires*.

PAVILLON, Étienne, *Stances à Despréaux, in Œuvres*, Amsterdam, 1750.

PERRAULT, Charles, *Lettre à M. D... touchant la préface de son ode*, s.l.n.d.

—, Préface de l'*Apologie des femmes, Recueil Moetjens*, t. I, 1694.

PERRAULT, Pierre, *le Corbeau guéri par la cigogne*, Bibliothèque de l'Arsenal ms. 6541 f° 113 (Magne, 183).

PERRIN, Pierre, *la Bastonnade*, BN ms. 9359 (Magne, 199).

PINCHESNE, Martin de, *Éloge du satirique français*, s.l.n.d. [7]

PRADON, Nicolas, *le Triomphe de Pradon*, Lyon, 1684.

---

7. Ce recueil contient un texte, *Apologie de D... contre les jaloux de sa gloire*, dont la Bibliothèque de l'Arsenal conserve une copie manuscrite non signée (ms. 6541, f° 272). É. Magne le signale (p. 305) sans reconnaître le texte qu'il relevait p. 205.

PRADON, Nicolas, *Nouvelles remarques sur les ouvrages du sieur D...*, La Haye, 1685.

—, *Réponse à la satire X*, Paris, 1694.

RACINE, *Lettres*, 9 juin 1693 et 18 septembre 1694.

RAPIN, René, *Mémoires*, Paris, 1865, livres XIX et XX.

—, *Lettre à Bussy-Rabutin*, 13 août 1672, *in Correspondance* de Bussy.

REGNARD, Jean-François, *Tombeau de Despréaux*, 1695 [8].

—, *Épître à Boileau*, 1706, *in les Ménechmes*, Paris.

RICHELET, Pierre, *Dictionnaire français*, édition de 1693.

ROBINET, Charles, *Lettres en vers à Madame*, 2 février 1669, *in les Continuateurs de Loret*, Paris, 1899, t. III.

SABATIER, Jean, *Épîtres morales et académiques*, Lyon, 1687.

SAINT-ÉVREMOND, *Dissertation sur le mot vaste* (1678-1681), *in Œuvres*, Paris, éd. R. Ternois, 1966, t. III.

—, *Défense de quelques pièces de Corneille* (1677), *ibid.*, 1969, t. IV.

—, *Jugement sur quelques auteurs français* (1688), *ibid.*, t. IV.

—, *Lettre à Anne Hervart*, *in Lettres*, Paris, éd. R. Ternois, 1967, t. I.

SAINT-GILLES, *A. M. Despréaux sur sa satire*, *Recueil Moetjens*, 1694, t. I.

SAINT-PAVIN, Denis Sanguin de, *Épigramme et sonnet*, Bibliothèque de l'Arsenal ms. 5418 ; BN ms. fr. 20862 (Magne, 228-229).

(SEGRAIS), *Segraisiana*, par Antoine Galland, Paris, 1721.

SÉVIGNÉ, Marie de Rabutin, marquise de, *Lettres*, Paris, Gallimard, « Bibliothèque de la Pléiade », 1953-1957.

TOLLIUS, Jacob, Dédicace, avis au lecteur et préface de *Longini de sublimitate*, Trajecti ad Rhenum, 1694.

VALINCOUR, J. B. du Trousset, *Réponse au discours de réception de l'abbé d'Estrées*, *in Recueil des discours prononcés à l'Académie*, Paris, 1711.

VILLIERS, abbé de, *Épître XVI*, *in Poésies*, Paris, 1712.

VUILLART, Germain, *Lettres*, Paris, Droz, éd. R. Clark, 1951.

IV. Au XVIIIe siècle [9]

ALEMBERT, D', « Éloge de Despréaux », *in Éloges lus dans les séances publiques de l'Académie française*, Paris, 1779.

8. Le texte est cité dans FLEURET et PERCEAU, *Satires françaises du XVIIe siècle*, 1923, t. II.

9. Quelques extraits de ces textes figurent dans F. VÉZINET, *le XVIIe siècle jugé par le XVIIIe*, Paris, Vuibert, 1924, p. 103-118, et d'abondantes citations dans le livre de John MILLER, *Boileau en France au XVIIIe siècle*, Baltimore, 1942.

BATTEUX, Ch., *Cours de belles-lettres distribué par exercices,* 3 vol., Paris, 1747.

—, *les Quatre Poétiques d'Aristote, d'Horace, de Vida et de Despréaux,* Paris, 1771.

CUBIÈRES-PALMEZEAUX, *Lettre à M. le marquis de Ximénès sur l'influence de Boileau en littérature,* Paris, 1788.

DAUNOU, P., *l'Influence de Boileau sur la littérature française,* Paris, 1787.

DU BOS, J.-B., *Réflexions critiques sur la poésie et la peinture,* 2 vol., Paris, 1719.

FONTANES, Louis de, *Discours préliminaire* à la *Traduction de l'Essai sur l'homme de Pope,* Paris, 1783.

GOTTSCHED, J. Ch., *Versuch einer kritischen Dichtkunst,* Leipzig 1730.

GOUJET, C. P., *Abrégé de la vie de Boileau, in* éd. J. B. SOUCHAY : voir ce nom.

LA HARPE, J. F. de, *Lycée ou cours de littérature ancienne et moderne,* 16 vol., Paris, 1799-1805.

LEFEBVRE DE SAINT-MARC, Ch. H., *Œuvres de Boileau-Despréaux. Nouvelle édition,* 5 vol., Paris, 1747.

LOSME DE MONTCHESNAY, J. de, *Bolaeana ou les bons mots de M. Boileau,* Amsterdam, 1742.

LUZAN, I. de, *la Poetica o Reglas de la Poesia,* Saragosse, 1737.

MALLET, É., *Principes pour la lecture des poètes,* 2 vol., Paris, 1745.

MARMONTEL, J. F., *les Charmes de l'étude, épître aux poètes,* Paris, 1761.

—, *Éléments de littérature,* tomes VII à X des *Œuvres,* Paris, Verdière, 1824.

MERCIER, L. S., *Mon bonnet de nuit,* 2 vol., Neuchâtel, 1784.

MONTESQUIEU, *Œuvres complètes,* Paris, Gallimard, éd. Caillois, « Bibliothèque de la Pléiade », 1949.

PALISSOT DE MONTENOY, Ch., Préface de *la Dunciade ou la Guerre des Sots,* Chelsea, 1764.

—, « Étude sur Boileau », *in Œuvres complètes,* Paris, Collin, 1809, t. III.

RACINE, Louis, *Mémoires sur la vie de Jean Racine,* 2 vol., Lausanne-Genève, 1747.

SABATIER DE CASTRES, A., *les Trois Siècles de notre littérature,* 3 vol., Amsterdam-Paris, 1772.

SOUCHAY, abbé, *les Œuvres de M. Boileau-Despréaux,* 2 vol., Paris, 1735.

TITON DU TILLET, É., *Description du Parnasse français,* Paris, 1727.

TRUBLET, N., *Essais sur différents sujets de littérature et de morale,* 2 vol., Paris, 1735.

VAUVENARGUES, *Œuvres complètes,* 2 vol., Paris, éd. H. Bonnier, Hachette, 1968.

VOLTAIRE, *Correspondance,* t. I : *1704-1738,* Paris, Gallimard, éd. BESTERMAN, « Bibliothèque de la Pléiade », 1964.

VOLTAIRE, *Dictionnaire philosophique,* Paris, Garnier, éd. NAVES, « Classiques Garnier », 1961.

—, *Lettres philosophiques,* Paris, Garnier, éd. NAVES, « Classiques Garnier », 1939.

—, *le Siècle de Louis XIV, in Œuvres historiques,* Paris, Gallimard, éd. Pomeau, « Bibliothèque de la Pléiade », 1962.

—, *Le Temple du Goût,* Paris, Droz, éd. CARCASSONNE, 1938.

V. Au XIXᵉ siècle

AMAR DU RIVIER, Jean-Augustin, édition des *Œuvres poétiques* de Boileau, Paris, 1828.

AUGER, L. S., « Boileau », *in Mélanges philosophiques et littéraires,* Paris, 1828, t. II.

BARBIER, A. A., « Notice sur les principaux commentateurs des œuvres de Boileau-Despréaux de 1716 à 1823 », *Bulletin du bibliophile,* 1843, p. 3-10.

BRUNETIÈRE, F., *l'Évolution des genres : l'évolution de la critique,* Paris, Hachette, 1889.

—, « Notice » de l'éd. des *Œuvres poétiques* de Boileau, Paris, Hachette, 1889.

CANTÙ, Cesare, *Histoire universelle soigneusement remaniée par l'auteur et traduite sous ses yeux par É. Aroux, ancien député, et Piersilvestre Leopardi,* Paris, Firmin-Didot, 1846, t. XVI.

DAUNOU, P., « Discours préliminaire » à l'éd. des *Œuvres* de Boileau, Paris, 1809 (reproduit par l'éd. Viollet le Duc, Paris, Desoer, 1823).

DESCHANEL, É., *le Romantisme des classiques, série IV,* Paris, Calmann-Lévy, 1888.

DUBOIS-LA MOLIGNIÈRE, F., *Satires de Juvénal et de Perse traduites en vers français,* Paris, 1801.

FLAUBERT, *Correspondance,* t. III et V, Paris, Conard, 1927 et 1929 (l'index est au t. IX, 1933).

FONTANIER, P., *les Figures du discours,* Paris, Flammarion, 1968.

GONCOURT, É. et J. de, *Journal,* Paris, Fasquelle, 1887-1892.

GUIRAUD, A. et GUTTINGUER, U. : voir *Muse française (la).*

HUGO, V., *Œuvres poétiques complètes,* Paris, Pauvert, 1961.

—, *Théâtre complet,* 2 vol., Paris, Gallimard, « Bibliothèque de la Pléiade », 1963-1964.

—, *les Misérables,* Paris, Garnier, éd. Guyard, « Classiques Garnier », 1959.

KRANTZ, É., *Essai sur l'esthétique de Descartes étudiée dans les rapports de la doctrine cartésienne avec la littérature classique française au XVIIᵉ siècle,* Paris, Baillière, 1882.

LANSON, G., *Boileau*, Paris, Hachette, 1892.

—, *Histoire de la littérature française,* Paris, Hachette, 1894.

—, « L'influence de la philosophie cartésienne sur la littérature française, *in Essais de méthode, de critique et d'histoire littéraire,* Paris, Hachette, éd. H. PEYRE, 1965.

LEGEAY, J. P., *Traité élémentaire de l'art poétique,* Paris, 1802.

Muse française (la), 2 vol., Paris, Didier, éd. J. Marsan, 1913.

MUSSET, *Œuvres complètes,* Paris, « L'Intégrale », 1963.

NISARD, D., *Histoire de la littérature française,* Paris, Firmin-Didot, 1844.

PORTIEZ DE L'OISE, *Essai sur Boileau-Despréaux,* Paris, 1804.

RENAN, *Cahiers de jeunesse, in Œuvres complètes,* Paris, Calmann-Lévy, éd. H. PSICHARI, 1960, t. IX.

—, Notes publiées par G. GUISAN, « Renan lecteur de Longin et de Boileau », *Études de lettres,* Lausanne, 1960, p. 79-90.

SAINTE-BEUVE, *Premiers lundis. Portraits littéraires. Portraits de femmes,* 2 vol., Paris, Gallimard, « Bibliothèque de la Pléiade », 1956.

—, *Port-Royal,* 3 vol., Paris, Gallimard, « Bibliothèque de la Pléiade », 1953.

SOURIAU, Maurice, *l'Évolution du vers français au XVIIᵉ siècle,* Paris, Hachette, 1893, p. 359-401.

—, *Causeries du lundi,* 16 vol., Paris, Garnier, 1885.

STAËL, Mme DE, *De l'Allemagne,* 2 vol., Paris, Flammarion, s.d.

VI. Au XXᵉ siècle

ADAM, Antoine, *Histoire de la littérature française au XVIIᵉ siècle,* Paris, 1956, t. III, p. 49-156 ; 1956, t. V, p. 58-84.

ALBALAT, A., *le Travail du style enseigné par les corrections manuscrites des grands écrivains,* Paris, 1903.

BEUGNOT, Bernard, « Boileau et la distance critique », *Études françaises,* Montréal, vol. V, nᵒ 2, 1969, p. 195-206.

—, « Boileau, une esthétique de la lumière », *Studi francesi,* nᵒ 44, 1971, p. 229-237.

BORGERHOFF, E.B.O., *The Freedom of French Classicism,* Princeton University Press, 1950, p. 200-212.

BRAY, René, *Boileau. L'homme et l'œuvre,* Paris, 1942.

BRODY, Jules, *Boileau and Longinus,* Genève, 1958.

CLARAC, Pierre, *Boileau,* Paris, 1964.

DAVIDSON, H.M., « The literary Arts of Longinus and Boileau », *Studies in the 17th Century French Literature presented to Morris Bishop,* Cornell University Press, 1962, p. 247-264.

—, « The Idea of Literary History in the *Art poétique* of Boileau », *Symposium,* automne 1964, p. 264-272.

DEMEURE, Jean, « Les quatre amis de Psyché », *le Mercure de France*, 15 janvier 1928, p. 331-366.

—, « Racine et son ennemi Boileau », *ibid.*, 1er juillet 1928, p. 34-61.

—, « L'introuvable Société des Quatre Amis », *RHL*, 1929, p. 161-180, 321-336.

DIÉGUEZ, Manuel DE, *l'Écrivain et son langage*, Paris, Gallimard, 1960.

DREYFUS-BRISAC, Edmond, *Un faux classique. Nicolas Boileau Despréaux*, Paris, 1902.

DURAND, Marguerite, « Essai sur le vers de Boileau », *le Français moderne*, 1938, p. 331-346.

EDELMAN, Nathan, « *L'Art poétique* : longtemps plaire et jamais ne lasser », *Studies in the 17th Century French Literature presented to Morris Bishop*, Cornell University Press, 1962, p. 231-246.

FIDAO-JUSTINIANI, J. E., *Qu'est-ce qu'un classique ? Essai d'histoire et de critique positive*, Paris, 1930.

Les Guêpes, 1911 : numéro spécial pour le bicentenaire de la mort de Boileau ; textes de P. Bourdin, A. Mary, G. Dumesnil, P. Claudel, P. J. Toulet, R. Quinton.

MASON, H. A., « Hommage à M. Despréaux. Some Reflections on the Possibility of Literary Study », *Cambridge Quarterly*, 3, 1967-1968, p. 51-71.

MOORE, W.G., « Boileau and Longinus », *French Studies*, vol. XIV, no 1, 1960, p. 52-62.

MORNET, Daniel, *Boileau*, Paris, 1942.

NAVES, R., *le Goût de Voltaire*, Paris, Garnier, 1938.

ORR, John, « Pour le commentaire linguistique de *l'Art poétique* », *Revue de linguistique romane*, 1961, no 99-100, 1961, p. 337-353.

REVILLOUT, Charles-E., « La légende de Boileau », *in Essais de philologie et de littérature*, Montpellier, 1899.

RISTAT, Jean, *le Lit de Boileau et de Jules Verne*, Paris, 1965.

ROYÈRE, Jean, *le Musicisme. Boileau, La Fontaine, Baudelaire*, Paris, 1929.

SPINGARN, J.E., *Critical Essays of the 17th Century*, 3 vol., Oxford, Clarendon Press, 1908-1909.

THIBAUDET, Albert, « Boileau », *in Tableau de la littérature française*, Paris, 1939, p. 119-133.

TORTEL, Jean, « Le problème de *l'Art poétique* », *Cahiers du Sud*, 306, 1951, p. 182-194.

—, « Le lyrisme au xviie siècle », *in Histoire des littératures*, Paris, Gallimard, « Encyclopédie de la Pléiade », 1967, t. III, p. 392-396.

VENESOEN, Christian, « Un problème de paternité. Qui a écrit la *Dissertation sur la Joconde ?* », *XVIIe siècle*, no 88, 1970, p. 31-48.

VENESOEN, Christian, « L'entretien sur le bel-esprit de Bouhours : source de *l'Art poétique* de Boileau », *XVIIe siècle*, no 89, 1970, p. 23-45.

VII. Littérature comparée

ADEN, J. M., « Dryden and Boileau : The Question of Critical Influence », *Studies in Philology*, vol. L, 1953, p. 491-509.

BACKER, Hermann, *Boileau in Deutschland bis auf Lessing*, Greifswald, Wolfram, 1910.

CLARK, A. F. B., *Boileau and the French Classical Critics in England*, Paris, Champion, 1925.

DAVIES, P. C., « Boileau and Rochester : A Reconsideration », *Comparative Literature*, vol. XXI, nᵒ 4, automne 1969, p. 348-355.

DEJOB, Ch., « Lessing et Boileau », *Revue des cours et conférences*, vol. V, nᵒ 2, 1897, p. 367-375.

LANG, D. M., « Boileau and Sumarokov », *Modern Language Review*, vol. XLIII, 1948, p. 500-506.

McFADDEN, G., « Dryden, Boileau and Longinian Imitation », *Actes du IVᵉ Congrès de l'AILC*, La Haye, 1966, t. II, p. 751-755.

PEYRE, H., « T. S. Eliot et le classicisme », *RHL*, vol. LXIX, 1969, p. 603-613.

STEIN, H. J. A. M., *Boileau en Hollande, essai sur son influence aux XVIIᵉ et XVIIIᵉ siècles*, Utrecht, 1929.

Index analytique

Index des noms

Table des matières

*Achevé d'imprimer à Montréal,
le treizième jour du mois de mars
mil neuf cent soixante-treize,
par les Presses Elite*

D. 13071